KOCHEN MIT DINKEL

THERES BERWEGER

Kochen mit DINKEL

MIDENA

Die Deutsche Bibliothek – CIP-Einheitsaufnahme

Berweger, Theres:
Kochen mit Dinkel / Theres Berweger. – Augsburg : Midena, 1997
ISBN 3-310-00396-5

Midena Verlag, Augsburg

Lektorat: Léonie Haefeli-Schmid
Layout: Dora Hirter, Birrwil
Umschlaggestaltung: Michael Ballermann, Augsburg
Fotos: Evelyn und Hans-Peter König, Zürich
Satz: Kneuss Satz AG, Lenzburg
Lithos: Neue Kirschgarten, Basel
Druck und Bindung: Neue Stalling, Oldenburg

Gedruckt auf umweltfreundlich chlorfrei gebleichtem Papier

Printed in Germany

ISBN 3-310-00396-5

Einführung

Rezeptteil

Abkürzungen

EL = gestrichener Esslöffel
TL = gestrichener Teelöffel
ml = Milliliter
dl = Deziliter
Msp = Messerspitze

Die Rezepte sind, wo nicht anders vermerkt, für 4 Personen berechnet.

Vorwort

War Dinkel noch vor 20 Jahren ein vom Aussterben bedrohtes Getreide, erlebt er jetzt im biologischen Landbau und in der gesunden Küche eine wunderbare Renaissance.

Fast wurde Dinkel vom sehr viel einfacher zu verarbeitenden Weizen verdrängt. Während der Weizen höhere Erträge liefert und beim Ernten durch das Dreschen vom Spelz getrennt wird, benötigt der Dinkel noch einen zusätzlichen Arbeitsgang, das sogenannte Gerben.

Doch dank eines neuen Ernährungs- und Umweltbewusstseins gehören Dinkel und auch Grünkern (unreifer Dinkel) wieder zum Standardsortiment in Naturkostläden und Reformhäusern. Man findet ein reiches Angebot an Dinkelprodukten.

Dieses Buch zeigt Ihnen, wie schmackhaft, raffiniert und vielseitig der Dinkel in der Küche eingesetzt werden kann. Ich wünsche Ihnen viel Vergnügen und Freude beim Kochen und Essen.

Theres Berweger

Der Dinkel

Geschichte

Die ältesten Dinkelfunde stammen aus der prähistorischen Zeit, und zwar wurden Überreste am Südrand des Kaukasus und im nördlichen Mesopotamien in steinzeitlichen Siedlungen des 6. und 5. Jahrtausends v. Chr. gefunden. Westlich des Schwarzen Meeres wurden in mehreren Siedlungen unzählige Spelzabdrücke in gebranntem Lehm entdeckt. Man vermutet, dass Dinkelspelzen zum Magern von Ton verwendet worden waren. Durch die Beigabe von Dinkelspreu konnte der Ton gestreckt werden. Die gebrannten Gefässe wurden durch diesen Zusatz porös.

Dinkelvorkommen in Europa

In den frühesten Kulturepochen der Jungsteinzeit wird der Dinkel nirgends erwähnt. Die ältesten bekannten Dinkelvorkommen in Europa stammen aus der Zeit um 2000 Jahre v. Chr. Dinkelfunde gab es vor allem im Südwesten und im Norden Deutschlands, in Schweden, aber auch in Dänemark und in der Schweiz.

Aus der Frühbronzezeit stammen Dinkelüberreste aus dem Pfahlbaugebiet am Baldegger See (Schweiz) und aus Bodman-Schachen am Bodensee.

In der Spätbronzezeit wurde der Dinkel von den Südalpen bis nach Schweden an mehreren Orten in Europa angebaut. In den Pfahlbauten von Mörigen (Schweiz) wurden hervorragend erhaltene Teile von Dinkelähren gefunden. Auch in Wasserburg Buchau am Federnsee (1100–800 v. Chr.), am Niederrhein und im Norden Dänemarks machte man ähnliche Funde.

In der vorrömischen Zeit (800 v. Chr. bis Christi Geburt) breitete sich der Dinkel in ganz Deutschland und in der Schweiz, aber auch im Süden Englands und in Österreich stark aus. Er erreichte damals die höchste Verbreitung in Europa, obwohl sein Anteil am gesamten Getreideanbau nur zwischen 2 und 15% betrug.

Mit Beginn der römischen Zeit (Christi Geburt bis 3. Jh. n. Chr.) wurde der Dinkel gebietsweise ausgesprochen bevorzugt angebaut, d. h. in den römischen Provinzen nördlich der Alpen. Die Hauptanbaugebiete waren in Deutschland das Neckarland und das Niederrheingebiet (bis südlich von Köln). Für die Alemannen war der Dinkel das wichtigste Getreide. Überall wo später Dinkel gefunden wurde, waren Alemannen ansäßig gewesen.

Dinkelanbau einst und jetzt

Aufzeichnungen über den Anbau von Ackerfrüchten, darunter auch dem Dinkel, gebe es in Deutschland seit 800 n. Chr., schreibt Hermann Fischer in seinem im Jahre 1929 publizierten Pflanzenkundebuch. Im Moselland wurde von 890 an während des ganzen Mittelalters Dinkel angebaut. Dort muss die Äbtissin Hildegard von Bingen den Dinkel kennen gelernt haben.

Sie schreibt: «Der Dinkel ist das beste Getreide, es ist warm, nährend und kräftig; und es ist milder als die anderen Getreidearten. Er bereitet dem, der ihn isst, rechtes Fleisch und rechtes Blut, er macht frohen Sinn und Freude im Gemüt. Wie auch immer die Menschen ihn essen, sei es als Brot, sei es in anderen Speisen, er ist gut und mild. Und wenn einer so krank ist, dass er vor Krankheit nicht essen kann, dann nimm die ganzen Körner des Dinkels und koche sie in Wasser, unter Beigabe von Fett oder Eidotter, so dass man ihn wegen des besseren Geschmacks gern essen kann, gib das dem Kranken zu essen und es heilt ihn innerlich wie eine gute und gesunde Salbe.»

In Süd- und Westdeutschland fand man Steuerlisten und Urkunden, die auf den Dinkelanbau schließen lassen. So gibt es etwa die Orte Dinkelsbühl, Dinkelhausen, Dinkelacker oder den Familiennamen Dinkelmann. Aus Ertragslisten ist zudem ersichtlich, dass die Schweiz ein wichtiges Anbaugebiet war. Hier wurde aus dem Dinkel Brot gebacken. Im 14. Jahrhundert mussten die Schweizer sogar Dinkel aus Deutschland importieren.

Im 19. Jahrhundert ging mit der Wandlung von den Agrar- zu den Industriestaaten der Dinkelanbau stark zurück. Der Dinkel war für die mehr und mehr auf Ertrag ausgerichtete Landwirtschaft zu arbeitsintensiv. Mit Neuzüchtungen Anfang dieses Jahrhunderts kamen zwar ertragsreichere und widerstandsfähigere Sorten auf den Markt, den Siegeszug des «pflegeleichteren» Weizens vermochten sie aber nicht zu bremsen.

Dass der Dinkel nach wie vor angebaut wird und in den letzten Jahren eine wunderbare Renaissance erlebt hat, ist dem biologischen Landbau zu verdanken. Die Biobauern zeigten sich bereit, Qualität vor Quantität zu stellen, d. h. zu Gunsten eines qualitativ hochwertigen Getreides kleinere Erträge und einen größeren Arbeitsaufwand in Kauf zu nehmen. Ihnen ist zu danken, dass uns eine vom Aussterben bedrohte Getreideart in ihrer Ursprünglichkeit erhalten bleibt.

Die Dinkelpflanze

Botanik

In der Botanik wird von Dinkel-Spelz (Triticum spelta) gesprochen. Andere Bezeichnungen sind Vesan (Ährchen mit den Spelzen), Spelta oder Spelz, Korn, Kora. Aus dem germanischen Wort «spalten» dürfte das lateinische Wort «spelta» entstanden sein.

Dinkelähre

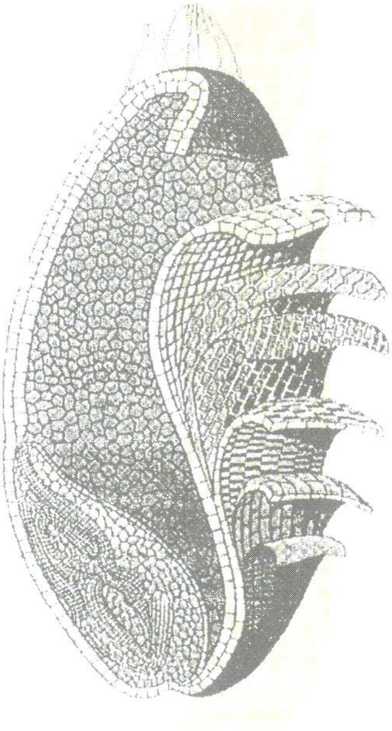

Getreidekorn-Querschnitt

Der Dinkel gehört zu den hexaploiden (sechszelligen) Weizenarten, genauso wie der Macha-Weizen und die Nacktweizenformen, der gewöhnliche Weizen, der Zwergweizen und der Kugelweizen. Alle diese Getreidearten können untereinander gekreuzt werden und bringen fruchtbare Nachkommen hervor. Die heutigen Kulturgräser kamen auf ihrem Weg nach Mitteleuropa immer wieder in Kontakt mit Wildgräsern; so entstanden spontane Kreuzungen (Hybride) und damit neue Getreidesorten.

Anbau und Ernte

Dinkel gedeiht auf fast allen Böden, bevorzugt aber kalkreiche Erde. Dinkel ist robust und kann von Oktober bis Dezember gesät werden.

Ein Dinkelfeld löst beim Betrachter besondere Gefühle aus: Die reifen Ähren bewegen sich in gleichmäßigem Rhythmus sanft singend wie ein großes Wellenmeer. Die Halme sind hochwüchsig. Bei Unwetter knicken sie leicht. Die geneigten Ähren wirken lang und dünn. Betrachtet man die Ähre, wird ihre Verwandtschaft mit dem Weizen augenfällig. Beim Dinkel sind jedoch die Ährenspindel länger als beim Weizen. An den Spindelgliedern sitzt je ein Ährchen mit zwei Körnern. Jedes Korn sitzt hinter drei fest umhüllenden Spelzen.

Der Dinkel ist nicht nacktkörnig, d. h. beim Dreschen zerfällt die Ähre in die einzelnen Abschnitte; die Körner sind aber noch nicht frei. Erst in der Mühle wird beim sogenannten «Gerbgang» das Korn freigelegt. Da beim Gerben der Keimling häufig verletzt wird, verwendet man für die Aussaat Dinkel im Spelz. Der Spelz schützt das Korn einesteils vor Kälte und macht es winterharter, andernteils vor Schädlingen. Das aus gesundheitlicher Sicht umstrittene Beizen des Saatgutes wird dadurch überflüssig.

Die Inhaltsstoffe des Dinkelkorns

Wasser	12%
Kohlenhydrate	58–60%
Proteine	14–17% befinden sich hauptsächlich im Keimling und in der Kleie und können dadurch die Wertigkeit des Getreideproteins beeinflussen.
Fett	1,9–2,1%
Mineralstoffe	1,7–2% Kalium, Phospor, Kalzium, Magnesium, Natrium und wenig Eisen
Vitamine	B_1, B_2, Niacin, Pantothensäure
Faserstoffe	1,5–2%
Energiegehalt	350 kcal/1470 kJ pro 100 g

Dinkel enthält mehr Proteine und einen höheren Anteil an hochwertigem Klebereiweiß als Weizen, Roggen, Gerste und Hafer. Das Klebereiweiß verleiht dem Dinkel hervorragende Backeigenschaften.

Gesundheitliche Vorteile

- **Basisernährung:** Dinkel eignet sich als Grundnahrung für kranke und gesunde Tage. Das Dinkelkorn enthält viele wasserlösliche Inhaltsstoffe, die unsere Verdauungsorgane schonen und dem ganzen Organismus zur Verfügung stehen. Dadurch werden alle Körperzellen genährt und gestärkt. Der Körper ist so zu Höchstleistungen fähig. Dinkel kann auch für die Sportlerernährung empfohlen werden.

- **Darmerkrankungen:** Dinkel eignet sich bei jeder Art von Darmstörungen. Bei Durchfall können Crèmesuppen, Grießbrei und ähnliches aus Schrot und Grieß gegessen werden. Bei Verstopfung helfen Dinkelgerichte aus Körnern, Grütze oder Flocken, eventuell angereichert mit Dinkelkleie.

- **Aufbau der Darmflora:** Die gestörte Darmflora kann mit Dinkelbrühe wieder aufgebaut werden. Für eine Brühe werden Dinkelkörner in viel Wasser weich gekocht und dann mit dem Kochwasser langsam gegessen.

- **Schlankmacher:** Der große Rohfaseranteil (Ballaststoffe) regt die Verdauung an.

- **Nervenstärkung:** Die Vitamine der B-Gruppe sind für den Energiestoffwechsel des Nervengewebes und des Gehirns verantwortlich. Sie erhellen das Gemüt und werden mit Erfolg bei depressiven Verstimmungen und Altersdepression eingesetzt.

- **Weizen-Allergie:** Immer mehr Menschen leiden darunter. Hier bietet sich der Dinkel als idealer Ersatz an.

Verwendung von Dinkel

Ganzes Korn	Suppen, Salate, Aufläufe
Grütze/Schrot	Müsli, Suppen, Salate, Aufläufe, Bratlinge, Nachspeisen, Gebäck
Grieß	Aufläufe, Bratlinge, Teigwaren, Nachspeisen
Flocken	Müsli, Suppen, Bratlinge
Mehl	Suppen, Bratlinge, Spätzle, Nudeln/Teigwaren, Nachspeisen, Backwaren

Dinkelprodukte

Ganze Körner	Werden wie Reis gekocht.
Grütze/Schrot	Grob zerkleinerte Körner; kürzere Kochzeit als ganze Körner.
Thermo-Dinkelschrot	Aufkochen und 10 bis 15 Minuten nachquellen lassen.
Grieß	Feiner gemahlen als Schrot, von Schale und Mehlstaub befreit.
Vollkornmehl (Type 1900)	Durch Mahlen des ganzen Dinkelkorns gewinnt man Mehl. Vollkornmehl sollte immer frisch gemahlen und rasch verwertet werden, damit die wertvollen Inhaltsstoffe erhalten bleiben.
Halbweißmehl (Type 720)	Dieses Mehl enthält noch die Eiweißschicht und den Mehlkern. Es fehlen die verschiedenen Hautschichten und der Keimling und damit wertvolle Vitalstoffe und Aminosäuren.
Weißmehl (Type 405)	Dieses Mehl enthält nur noch den Mehlkern. Es fehlen die verschiedenen Hautschichten, die Eiweißschicht und der Keimling und damit wertvolle Vitalstoffe und Aminosäuren.

Um beim Schneiden nicht zu ermüden und sich mit der Sichel nicht zu verletzen, bindet sich im Laberthal jeder Schnitter einen Gürtel aus drei Halmen samt Ähren um den Leib.

Die Mehltypen

Vollkorngetreide war schon immer das wichtigste Grundnahrungsmittel des Menschen. In den letzten hundert Jahren hat sich aber im Getreideverzehr vieles verändert. So ist die Palette der Mehltypen und daraus hergestellter Produkte kontinuierlich gewachsen.

Die Inhaltsstoffe sind im Getreidekorn nicht gleichmäßig verteilt. Der Keim und die Randschichten sind reich an Vitaminen und Mineralstoffen. Sie enthalten auch Fettsäuren einschliesslich der essentiellen Linolsäure und der hochwertigen Proteine. In den Randschichten finden sich zudem die unverdaulichen, aber verdauungsfördernden Faserstoffe. Keim und Randschichten machen 20% des Korngewichtes aus; sie liefern mehrheitlich die wertvollen Inhaltsstoffe. Je heller das Mehl, desto ärmer an wertvollen Inhaltsstoffen. Weißmehl enthält nur noch Stärke und das für den Backprozess wichtige Klebereiweiß.

Die Rezepte in diesem Buch wurden so ausgewählt, dass eine Umstellung auf mehr Getreidegerichte problemlos ist. Ein zu schneller Einstieg in Vollgetreidegerichte kann zu ernsthaften Verdauungsschwierigkeiten führen und würde dem Anliegen dieses Buches zuwiderlaufen. Alle Rezepte können aber sowohl mit Vollkornprodukten wie auch mit Auszugsmehlen hergestellt werden.

Die Mehltypen in Deutschland und in der Schweiz

Die Zahl der Mehltype gibt an, wieviel Milligramm Mineralstoffe in 100 Gramm verbranntem Mehl enthalten sind. Diese Asche ist unverbrennbar und bleibt zurück.

Mehlart	Mehltype Deutschland	Mehltype Schweiz
Weißmehl	405	400
dunkles Weißmehl	—	550
Halbweißmehl	720	720
Ruchmehl	1050	1100
dunkles Ruchmehl	1200	1200
Vollkornmehl	1900	1900

Der Grünkern

Geschichte

Im Jahre 1660 wird der Grünkern das erste Mal urkundlich erwähnt. Er wurde zufällig und aus der Not heraus geboren. Anhaltende Schlechtwetterperioden und die Angst vor Missernten sollen damals die Bauern dazu bewogen haben, den Dinkel noch unreif zu ernten, um ihn vor Fäulnis zu bewahren. Eine andere Überlieferung sagt, dass die Bauern im Dreißigjährigen Krieg das Korn vor feindlichen Soldaten in Sicherheit bringen wollten.

Anbau und Ernte

Grünkern und Dinkel haben dem Weizen einiges voraus: Pflanzenschutzmittel und Dünger sind überflüssig. Durch die Auswahl der Sorte, Verzicht auf chemische Mittel – und beim Grünkern durch ausreichend Hartholz beim Darren – wird eine gute Qualität erreicht.

Der Grünkern wird zwei bis drei Wochen vor der Reife geerntet. Die Ähren sind in diesem Stadium von grüngelber Farbe, und die Körner sind noch grün und weich. Dieses feuchte Korn ist nicht lagerfähig. Es muss rasch verarbeitet, d. h. getrocknet werden. Das Erntegut wird zu den Darren gefahren. Früher wurde das Korn über dem Buchenholzfeuer mehrere Stunden geröstet. Das Getreide musste pausenlos rund um die Uhr umgeschaufelt werden. Durch diesen Trocknungsprozess sank der Wassergehalt von 50 auf 10 bis 12 Prozent; so war das Korn fast unbegrenzt haltbar.

Heute wird der Grünkern in modernen Öfen mit Heißluft und zusätzlich mit Hartholzfeuer getrocknet. Der gedarrte Grünkern wird nachher in die Gerbmühlen gefahren und dort entspelzt. Durch diese Behandlung bekommt der Grünkern einen leicht rauchigen, herzhaften und würzigen Geschmack.

Der Bauer erlebt jeden Sommer einen mehrtägigen Wettlauf mit der Zeit. Wenn beim Brechen des Korns eine weißliche Flüssigkeit ausläuft, ähnlich wie beim Löwenzahn, spricht man von Milchreife. Das Korn selbst hat noch keine feste Struktur. Die Zuckerbestandteile haben sich noch nicht in Stärke umgewandelt. Bei hochsommerlichen Temperaturen besteht immer die Gefahr, dass der Grünkern zu rasch in die Gelbreife übergeht. Das würde seine Qualität merklich mindern.

Vor Jahren warnten Kritiker, dass durch das Darren krebserregende Stoffe entstehen können. Diese Angst ist unbegründet, ist doch der faserige Spelz ein guter Schutz.

Die Inhaltsstoffe des Grünkern

Im Gegensatz zum reifen Dinkel können aus dem Grünkern weder Keimlinge (nicht keimfähig) noch Backwaren (nicht backfähig) hergestellt werden. Grünkern besitzt wenig Kleber, dafür viel Eiweiß.

Wasser	11–12%
Kohlenhydrate	62,6%
Proteine	12,2%
Fett	3%
Mineralstoffe	ca. 2% Kalium, Phosphor, Magnesium, Eisen, Natrium
Vitamine	besonders der B-Gruppe
Faserstoffe	2%
Energiegehalt	350 kcal/1470kJ pro 100 g

Verwendung von Grünkern

Ganzes Korn	Suppeneinlage, Salate, Eintöpfe, Aufläufe
Grütze	Müsli, Brei, Suppen, Salate, Eintöpfe, Aufläufe
Grieß	Brei, Suppen, Aufläufe, Nachspeisen
Flocken	Müsli, Suppen, Aufläufe
Mehl	Suppen, Gnocchi, als würzige Bereicherung in Brot und Gebäck

Gesundheitliche Vorteile

- Der Grünkern ist leicht verdaulich.
- Er bläht nicht und belastet auch den Magen nicht.
- Er fördert die Verdauung der mit ihm aufgenommenen Nahrungsbestandteile.
- Er kräftigt den ganzen Körper.

Vom Umgang mit Getreide

Waschen

Die ganzen Getreidekörner sollten durch das Waschen in einem feinmaschigen Sieb von Staub, Spelz und Fremdkörpern befreit werden.

Schrot/Grütze, Grieß und Mehl werden selbstvertändlich nicht gewaschen.

Einweichen

Die gewaschenen Körner in einen Topf geben, die angegebene Menge Wasser dazugeben und das Geteide rund 3 Stunden stehen lassen. Durch das Einweichen wird das ganze Korn, aber auch die Grütze, die Flocken und das Mehl gut aufgeschlossen. Das Einweichen verkürzt einesteils die Kochzeit, andernteils wird Phytinsäure abgebaut, die sich in den äußeren Randschichten und im Keimling befindet. Die Phytinsäure geht im Darm mit den Mineralstoffen, z. B. mit Kalzium und Eisen, eine unlösliche Verbindung ein und wird unverdaut ausgeschieden. Das Enzym Phytase, das ebenfalls im Getreidekorn vorhanden ist, wird durch Wasser aktiviert und löst diese Verbindung, so dass die Mineralstoffe vom Körper aufgenommen werden können. Hirse und Reis enthalten sehr wenig, Buchweizen, Amaranth und Quinoa keine Phytinsäure.

Die Thermogrütze und die Thermoflocken werden bei der Verarbeitung eingeweicht beziehungsweise unter Vakuum dampferhitzt, so dass die Phytinsäure bereits abgebaut ist.

Als Faustregel gilt: Je härter das Korn und je gröber gemahlen, desto länger die Einweichzeit.

Kochen

Das Getreide mit dem Einweichwasser aufkochen, auf kleinem Feuer köcheln lassen, ab und zu rühren. Sobald sich das Getreidekorn zu öffnen beginnt, ist es weich. Es sollte noch wenig Flüssigkeit vorhanden sein. Erst jetzt mit Salz und Kräutern würzen. Salzen zu Kochbeginn verhindert das Weichwerden des Getreides.

Einweichen

Immer einweichen	Ganze Körner von Weizen, Dinkel, Roggen, Hafer, Gerste
Nicht unbedingt einweichen	Naturreis, Hirse, Grütze, Grieß, Vollkornmehl
Einweichen nicht nötig	Buchweizen, Amaranth, Quinoa

Einweichzeiten

10–15 Minuten	feine Flocken
20–30 Minuten	grobe Flocken, Hirseflocken; Mais; Vollkornmehl aus Dinkel, Weizen, Roggen, Hafer und Gerste; Grieß aus Dinkel, Weizen und Mais
1 Stunde	Körner von Hirse und Hafer; Schrot oder Grütze aller Getreidekörner, Roggenflocken
3 Stunden	Körner von Reis, Weizen, Dinkel und Gerste
10 Stunden	Körner von Roggen

Grundrezept – Körner

150–200 g Dinkelkörner
450 ml/4,5 dl Wasser
1 Msp Meersalz
1 TL Gemüsebrühepulver
Gewürze
frische Kräuter

1. Das Getreide in einem feinmaschigen Sieb waschen.
2. Das Getreide in einem Topf rund 3 Stunden im Wasser einweichen.
3. Das Getreide aufkochen, 30 bis 45 Minuten zugedeckt auf kleinem Feuer köcheln lassen.
4. 30 Minuten nachquellen lassen.
5. Gewürze und Kräuter beifügen.

Würzen

- Salz erst nach dem Kochprozess zugeben, sparsam salzen.
- Samen und Wurzelgewürze können mitgekocht werden.
- Das Kochwasser kann mit ganzen Kräuterzweigen gewürzt werden.
- Blätter und Blüten werden erst nach dem Kochprozess beigegeben.

Nachquellen

Ein wichtiger Teil des Garprozesses ist das anschließende Nachquellen bei geschlossenem Topf auf der ausgeschalteten Wärmequelle. Das Getreide wird besser aufgeschlossen und quillt nochmals etwas auf. Das Nachquellen kann durch längere Garzeit nicht ersetzt werden.

Verträglichkeit

- Die Verträglichkeit von Getreide hängt von der Zubereitungsart und vom Kauen ab. Vollgetreide muss gut und gründlich gekaut werden.
- Bestimmte Gewürze können die Verträglichkeit verbessern.
- Grünkern ist leicht verdaulich, der Dinkel braucht etwas länger.
- Die Umstellung auf eine vollwertige Ernährung muss in Schritten erfolgen, damit sich der Organismus an die neue Kost gewöhnen kann.
- In einer Mahlzeit sollten nicht zuviel Getreide oder zuviel verschiedene Getreidesorten gegessen werden.
- Ein vollwertiges Getreidegericht pro Tag genügt.

Kräuter für Dinkel und Grünkern

Dinkelkörner: Zitronenthymian, Orangenminze, Ysop, Dost, Muskatellersalbei

Dinkel-Schrot: Zitronenthymian, Orangenminze, Ysop, Dost, Muskatellersalbei, Majoran

Flocken: Piment, Koriander

Grünkernkörner: ganzblättrige Petersilie, Selleriekraut, Bohnenkraut, Liebstöckel, Beinwell, Cayenne, Piment, Ysop

Grünkern-Schrot: Paprika, Dill, Borretsch, Petersilie, Knoblauch, Ingwer, Muskatblüten

Wie lange kann man gegarten Dinkel aufbewahren?

Der Nährwert des Getreides wird durch das Aufbewahren kaum vermindert. Im Kühlschrank sollte das Getreide maximal zwei Tage aufbewahrt werden, danach wird es sauer und ungenießbar. Getreide mit Milchprodukten maximal einen Tag im Kühlschrank aufbewahren.

Verwertung von gegarten Getreideresten

- das Getreide über Dampf erwärmen
- in der Bratpfanne in wenig Butter oder Öl braten
- für Salate und Süßspeisen verwenden
- als Einlage für eine Gemüsesuppe
- für Aufläufe und Eintöpfe
- für Getreidebratlinge

Zu Königsberg schnitt der Schnitter zuerst eine Handvoll Halme, zog einen heraus und legte sich denselben auf den nackten Rücken, und dies tat er dreimal nacheinander, ohne zu sprechen, an einer einsamen Stelle, damit er auch von niemandem gestört werden konnte. Die drei Halme bewahrten ihn während des Schnitts vor Kreuzschmerz.

Aufbewahrung und Lagerung von Getreide

Verunreinigungen im Getreide

Viele Unkräuter bilden zur gleichen Zeit wie das Getreide Samen aus. Es ist deshalb möglich, dass das Getreide Unkrautsamen und auch Spelzanteile enthält. Wollte man diese alle aussieben, wäre der Getreideverlust zu groß. Unkrautsamen dürfen ohne Bedenken im Getreide belassen werden.

Ungeziefer im Getreide

Biologisches Getreide ist frei von chemischen Lagerschutzmitteln und deshalb für Schädlinge anfälliger.

- Die Getreidevorräte müssen regelmässig kontrolliert werden.
- Bei tiefen Lagertemperaturen an einem trockenen Ort (10 bis 15 Grad) entwickeln sich weniger Schädlinge.

Getreide lagern

Das Getreide darf nicht luftdicht aufbewahrt werden. Geeignet sind Kartons oder Holzbehälter mit gut schliessendem Deckel. Kleine Getreidemengen können in Gläsern in der Küche aufbewahrt werden. Die Körner dürfen aber nicht feucht werden.

REZEPTE

PIKANTE MÜRBETEIGPLÄTZCHEN

für 20 bis 24 Plätzchen

- *250 g Dinkelruchmehl (Type 1050)*
- *1/2 TL Meersalz*
- *120 g kalte Butter, in kleinen Stücken*
- *200 g Vollmilchquark*

Belag mit Tomaten

- *12 Cherrytomaten, halbiert*
- *150 g Mozzarella, klein gewürfelt*
- *Pfeffer aus der Mühle*
- *Meersalz*
- *wenig Oregano, fein gehackt*
- *2 EL kaltgepresstes Olivenöl*

Belag mit Gemüsepaprika

- *je 1/2 gelber und roter Gemüsepaprika/Peperoni, klein gewürfelt*
- *1 kleine Zwiebel, in feinen Scheiben*
- *100 g Feta, klein gewürfelt*
- *Pfeffer aus der Mühle*
- *Meersalz*
- *Paprikapulver*

1. Das Mehl und das Meersalz mischen. Die Butterstückchen mit dem Mehl fein verreiben. Den Quark dazugeben und rasch zu einem Teig zusammenfügen. 30 Minuten kühl stellen.

2. Den Teig 3 mm dick ausrollen und runde Plätzchen von 6 bis 8 cm Durchmesser ausstechen. Auf ein mit Backtrennpapier belegtes Blech legen.

3. Die Hälfte der Plätzchen mit den Tomaten und der Mozzarella belegen. Würzen, den Oregano darüber streuen, mit dem Olivenöl beträufeln.

4. Die restlichen Plätzchen mit Paprikawürfelchen, Zwiebelscheiben und Feta belegen. Würzen.

5. Die Plätzchen im vorgeheizten Ofen bei 220 Grad 8 bis 10 Minuten backen.

WINDBEUTEL MIT KRÄUTERQUARKFÜLLUNG

für 16 bis 18 Windbeutel

- *250 ml/2,5 dl Wasser*
- *1 Msp Meersalz*
- *50 g Butter*
- *100 g Dinkelvollkornmehl*
- *50 g Dinkelhalbweißmehl (Type 720)*
- *1 Msp phosphatfreies Backpulver (Reformhaus/Bioladen)*
- *3–4 Freilandeier*

Kräuterquark

- *300 g Vollmilchquark*
- *1 Hand voll Kresse, fein geschnitten*
- *1 Hand voll Spinat, fein gehackt*
- *2 EL fein geschnittener Schnittlauch*
- *2 EL gehackte Petersilie*
- *etwas Liebstöckel, fein gehackt*
- *1 Prise Cayennepfeffer*
- *einige Tropfen Zitronensaft*
- *Kräutermeersalz*

1. Für den Brandteig Wasser, Meersalz und Butter aufkochen. Die beiden Mehle mischen und auf einmal zur Flüssigkeit geben. Gut rühren, bis sich der Teig vom Topfboden löst und sich ein kompakter Kloß gebildet hat.

2. Die Eier mit dem Backpulver verrühren, nach und nach unter den Teig arbeiten.

3. Vom Teig mit einem Esslöffel Klöße abstechen, auf ein mit Backtrennpapier belegtes Blech setzen.

4. Die Windbeutel im vorgeheizten Ofen bei 190 Grad 20 bis 25 Minuten backen. Etwas auskühlen lassen und danach einen Deckel abschneiden.

5. Für die Füllung sämtliche Zutaten gut verrühren. Würzen. Den Kräuterquark in die Windbeutel füllen, den Deckel aufsetzen.

FRITIERTES GEMÜSE MIT KNOBLAUCH-KRÄUTERSAUCE

- *400 g Gemüse, z. B. Stauden-/Stangensellerie, Möhren/Karotten, Gemüsepaprika/Peperoni, Zucchini, kleine Champignons*
- *Kräutermeersalz*

Ausbackteig

- *100 g Dinkelvollkornmehl, Kleie ausgesiebt*
- *1 EL geriebene Mandeln*
- *1 Msp Meersalz*
- *125 ml/1,25 dl Wasser oder halb Wasser/halb Weißwein*
- *1 EL gehackte Petersilie*
- *1 Eigelb von einem Freilandei*
- *1 Msp phosphatfreies Backpulver (Reformhaus/Bioladen)*
- *Kräutermeersalz*
- *1–2 Eiweiß von Freilandeiern*

- *Öl oder Fett zum Ausbacken*

Knoblauch-Kräutersauce

- *150 g saure Sahne/Sauerrahm*
- *2 TL Zitronensaft*
- *2 Knoblauchzehen*
- *4 EL gemischte Kräuter, fein gehackt, z. B. Dill, Petersilie, Kresse, Kerbel, Liebstöckel*
- *Meersalz*
- *Pfeffer aus der Mühle*

1. Die Zutaten für den Teig, ohne das Eiweiß, gut verrühren. 20 bis 30 Minuten quellen lassen. Das Eiweiß zu Schnee schlagen, unter den Teig ziehen.

2. Sellerie, Möhren, Zucchini und Gemüsepaprika in Stäbchen respektive in Streifen schneiden, die Champignons ganz lassen.

3. Für die Sauce den Zitronensaft unter die saure Sahne rühren, den Knoblauch dazupressen, die Kräuter beigeben, gut würzen. Die Sauce separat servieren.

4. Das Fritieröl erhitzen. Das Gemüse und die Pilze in den Teig tauchen, portionsweise im Öl backen. Das Fritiergut auf Küchenpapier abtropfen lassen.

GURKEN MIT MEERRETTICH-DINKEL-FÜLLUNG

- *100 g Dinkelschrot*
- *250 ml/2,5 dl Gemüsebrühe*

- *1/2 Salatgurke, sehr klein gewürfelt*
- *1 kleine Möhre/Karotte, gerieben*
- *150 g Vollmilchquark*
- *1 TL fein geriebener Meerrettich*
- *1 Bund Schnittlauch, fein geschnitten*
- *2 Sträußchen Dill, fein gehackt*
- *1 Prise Cayennepfeffer*
- *Pfeffer aus der Mühle*
- *Meersalz*

- *1–2 große Salatgurken*
- *Kräutermeersalz*

1. Den Dinkelschrot und die Gemüsebrühe aufkochen, zugedeckt 10 bis 15 Minuten auf kleinem Feuer köcheln lassen. Auf der ausgeschalteten Wärmequelle zugedeckt 20 Minuten nachquellen lassen. Auskühlen lassen.

2. Sämtliche Zutaten unter den Schrot mischen. Gut würzen.

3. Die Gurke beidseitig kappen, in 4 cm dicke Scheiben schneiden. Die Kerne mit einem Ausstecher oder mit einem Teelöffel entfernen (nicht durchstechen). Würzen und füllen.

Abbildung:
Gurken mit Meerrettich-Dinkel-Füllung

GEFÜLLTE CHAMPIGNONS

- *8–12 große Champignons*
- *10 g Butter*
- *1 TL Curry*
- *1 Frühlingszwiebel, in Scheiben*
- *1 Möhre/Karotte, in feinen Stäbchen*
- *120 g Dinkelschrot*
- *350 ml/3,5 dl Gemüsebrühe*
- *2 EL saure Sahne/Sauerrahm*
- *Kräutermeersalz*
- *Pfeffer aus der Mühle*
- *100 ml/1 dl Gemüsebrühe*
- *2 EL saure Sahne/Sauerrahm*

1. Den Curry in der Butter andünsten. Zwiebeln, Möhren und Dinkelschrot dazugeben und mitdünsten. Mit der Gemüsebrühe auffüllen, aufkochen und zugedeckt auf kleinem Feuer 10 bis 15 Minuten köcheln lassen. Die saure Sahne darunter rühren. Mit Kräutermeersalz und Pfeffer würzen.

2. Bei den Pilzen die Stiele durch Drehen entfernen. Die Köpfe mit der Dinkelmasse füllen.

3. Die Gemüsebrühe in eine Gratinform gießen, die gefüllten Champignonsköpfe hineinstellen, die saure Sahne auf die Pilze verteilen.

4. Die gefüllten Champignons im vorgeheizten Ofen bei 200 Grad 15 bis 20 Minuten überbacken.

FRÜHLINGSROLLEN

Strudelteig

- *75 g Dinkelvollkornmehl*
- *75 g Dinkelhalbweißmehl (Type 720)*
- *1 Msp Meersalz*
- *1 Freilandei*
- *1 EL Wasser*
- *2 EL kaltgepresstes Olivenöl*
- *50 g saure Sahne/Sauerrahm*

- *flüssige Butter zum Einpinseln*

Füllung

- *1 EL kaltgepresstes Olivenöl*
- *1 kleine Zwiebel, fein gehackt*
- *1 Knoblauchzehe*
- *100 g Sojabohnensprossen*
- *200 g Tomaten, klein gewürfelt*
- *50 g gelber Gemüsepaprika/ Peperoni, klein gewürfelt*
- *1 EL gehackte Pfefferminze*
- *Meersalz*
- *Pfeffer aus der Mühle*

- *1 Eiweiß, leicht geschlagen*

- *Maiskeimöl zum Braten*

1. Das Dinkelmehl und das Meersalz mischen, die übrigen Zutaten dazugeben und zu einem glatten Teig verarbeiten. Mindestens 30 Minuten zugedeckt bei Zimmertemperatur ruhen lassen.

2. Die Zwiebeln und den durchgepressten Knoblauch im Olivenöl anschwitzen. Die Sojasprossen, die Tomaten und den Gemüsepaprika dazugeben und mitdünsten. Würzen mit der Pfefferminze, dem Meersalz und dem Pfeffer.

3. Den Strudelteig auf wenig Mehl dünn ausrollen. Mit der flüssigen Butter einpinseln und auf einem bemehlten Küchentuch von Hand möglichst dünn ausziehen.

4. Den Teig in 12 cm große Quadrate schneiden. Auf jedes Teigblatt einen Esslöffel Füllung geben. Die Ränder mit Eiweiß einpinseln, die Ränder einschlagen und aufrollen. Die Enden nochmals einpinseln und festkleben.

5. Die Frühlingsrollen im Maiskeimöl langsam braten oder im Ofen bei 180 Grad 20 bis 25 Minuten backen (zum Backen müssen die Rollen zusätzlich mit Öl eingepinselt werden).

ZWEIFARBIGE PAPRIKA-SUPPE MIT DINKEL-KLÖSSCHEN

Dinkelklößchen

- *200 ml/2 dl Wasser*
- *10 g Butter*
- *1 Prise geriebene Muskatnuss*
- *Pfeffer aus der Mühle*
- *1 Msp Kräutermeersalz*
- *80 g Dinkelschrot*
- *1 Freilandei*
- *1–3 EL Dinkelruchmehl (Type 1050)*

Suppe

- *800 ml/8 dl Gemüsebrühe*
- *je 300 g roter und gelber Gemüsepaprika/Peperoni, klein gewürfelt*
- *Meersalz*
- *Pfeffer aus der Mühle*

- *20 g Butter*

1. Für die Dinkelklößchen Wasser, Butter, Muskat, Pfeffer und Kräutermeersalz aufkochen. Den Dinkelschrot einrühren und unter häufigem Rühren 10 Minuten zugedeckt auf kleinem Feuer köcheln lassen. Die Pfanne von der Wärmequelle nehmen, den Schrot etwas abkühlen lassen. Das Ei unter den Schrot rühren, so viel Dinkelmehl darunter rühren, bis ein dicker Brei entsteht.

2. Die Gemüsebrühe aufkochen. Die Dinkelmasse in einen Spritzbeutel mit breiter, glatter Tülle füllen, kleine Klößchen in die Brühe spritzen. Die Klößchen etwa 5 Minuten garziehen lassen. Mit einem Schaumlöffel herausnehmen, beiseite stellen.

3. Die Gemüsebrühe halbieren. In der einen Hälfte den roten und in der anderen den gelben Gemüsepaprika weich kochen. Den Gemüsepaprika samt Brühe pürieren, zuerst die gelbe, dann die rote Suppe. Die Suppen aufkochen und würzen, mit der Butter verfeinern.

4. Die Suppen gleichzeitig und gleichmäßig in vorgewärmte Suppenteller einlaufen lassen, die Klößchen in die Suppe legen.

Abbildung Seite 36, oben

GRÜNKERNCREMESUPPE

- *2 EL Butter*
- *100 g Lauch, in Scheiben*
- *100 g Knollensellerie, klein gewürfelt*
- *1 Zweig Sellerie, Blättchen gezupft, in Streifen*
- *40 g Grünkernmehl*
- *1 l Gemüsebrühe*
- *1 Prise geriebene Muskatnuss*
- *Pfeffer aus der Mühle*
- *Meersalz*

- *100 g gekochte Grünkernkörner, Seite 37*
- *100 g/1 dl Sahne/Rahm*
- *1 Sträußchen Petersilie, fein gehackt*

1. Lauch, Sellerie und Selleriegrün in der Butter anschwitzen. Das Grünkernmehl darunter rühren. Mit der Gemüsebrühe ablöschen, aufkochen und auf kleinem Feuer rund 20 Minuten köcheln lassen. Pürieren.

2. Die Suppe zusammen mit den Grünkernkörnern und der Sahne aufkochen, 5 Minuten köcheln lassen. Abschmecken.

3. Die Suppe in vorgewärmten Tellern anrichten, mit der Petersilie garnieren.

CHAMPIGNONS-DINKELSCHROT-SUPPE

- *1 EL Butter*
- *1 Zwiebel, fein gehackt*
- *250 g Champignons, in Scheiben*
- *4–6 EL Dinkelschrot*
- *$^1/_2$ TL getrocknetes Basilikum*
- *2 EL trockener Weißwein*
- *800 ml/8 dl Gemüsebrühe*

- *Kräutermeersalz*
- *Pfeffer aus der Mühle*
- *wenig Sojasauce*

- *etwas Zwiebelgrün, fein geschnitten*

1. Die Zwiebeln und die Champignons in der Butter andünsten. Den Dinkelschrot und das Basilikum dazugeben und mitdünsten, mit dem Weißwein und der Gemüsebrühe ablöschen, aufkochen und auf kleinem Feuer 15 Minuten köcheln lassen. Würzen.

2. Die Suppe in vorgewärmten Tellern anrichten. Mit dem Zwiebelgrün garnieren.

Abbildung: Champignons-Dinkelschrot-Suppe

ROSENKOHLSUPPE MIT GRÜNKERNKÖRNERN

- *80–100 g Grünkernkörner*
- *200 ml/2 dl Wasser*

- *300–400 g Rosenkohl, halbiert*
- *800 ml/8 dl Gemüsebrühe*
- *Pfeffer aus der Mühle*
- *Meersalz*

- *4 EL geriebener Sbrinz oder Parmesan*

1. Die Grünkernkörner und das Wasser aufkochen, zugedeckt 20 Minuten auf kleinem Feuer köcheln lassen. Auf der ausgeschalteten Wärmequelle zugedeckt 30 Minuten nachquellen lassen.

2. Den Rosenkohl in der Gemüsebrühe knapp weich kochen. Die Grünkernkörner dazugeben und kurz mitkochen. Würzen.

3. Die heiße Suppe in vorgewärmten Tellern anrichten, den Käse darüber streuen.

Abbildungen:
oben: Zweifarbige Paprikasuppe mit Dinkelklößchen, Rezept Seite 33
unten: Rosenkohlsuppe mit Grünkernkörnern, Rezept oben

DINKEL-KRESSE-SALAT

- *80 g Dinkelkörner*
- *150 ml/1,5 dl Wasser*
- *1 Prise Meersalz*
- *150 g Garten- oder Brunnenkresse*
- *200 g kleinblättriger Blattspinat*

Sauce

- *2–3 EL Balsamessig*
- *Meersalz, Pfeffer aus der Mühle*
- *1 Msp Senfpulver*
- *4 EL kaltgepresstes Olivenöl*
- *1 EL fein gehackte italienische Petersilie*
- *1 Knoblauchzehe*

- *4 kleine rote Zwiebeln, in feinen Scheiben*
- *100 g Mozzarella, gewürfelt*

1. Dinkelkörner einweichen, Seite 22.

2. Die Dinkelkörner mit dem Wasser aufkochen, auf kleinem Feuer 30 Minuten zugedeckt köcheln lassen. Auf der ausgeschalteten Wärmequelle zugedeckt 30 Minuten nachquellen lassen. Die Prise Salz darunter rühren.

3. Für die Sauce alle Zutaten gut verrühren, den Knoblauch dazupressen.

4. Den Dinkel mit der Kresse und dem Blattspinat mischen, anrichten. Die Zwiebeln und die Mozzarella darüber streuen. Mit der Sauce beträufeln.

ROTE BETEN GEFÜLLT MIT DINKEL-NUSS-SALAT

- *600–700 g Rote Bete/Randen, gekocht*

- *200 g gekochte Dinkelkörner, Seite 22*
- *2 Hand voll Kresse*
- *4 EL grob gehackte Wal-/Baumnüsse*
- *1 EL fein gehackte Petersilie*
- *4 Korianderkörner, zerdrückt*

Sauce

- *2–3 EL Apfelessig*
- *1 TL Sojasauce*
- *Kräutermeersalz*
- *1 EL geriebene Wal-/Baumnüsse*
- *Pfeffer aus der Mühle*
- *Meersalz*
- *2–3 EL Walnuss-/Baumnussöl*

Rote-Bete-Püree

- *1–2 EL Apfelessig*
- *1 EL saure Sahne/Sauerrahm*
- *1 Msp Nelkenpulver*
- *1 Msp Korianderpulver*

- *8 Walnuss-/Baumnusshälften*

1. Die Roten Beten schälen, halbieren und aushöhlen. Das Fruchtfleisch in einer Schüssel beiseite stellen.

2. Dinkelkörner, Kresse, Nüsse, Petersilie und Koriander mischen.

3. Für die Sauce alle Zutaten gut verrühren, die Dinkelmischung beifügen und rund 20 Minuten ziehen lassen.

4. Den Dinkelsalat in die Roten Beten füllen.

5. Das Rote-Bete-Fruchtfleisch pürieren. Apfelessig, saure Sahne und Gewürze unter das Püree rühren.

6. Mit dem Rote-Bete-Püree auf Tellern einen Spiegel machen, die gefüllten Roten Beten darauf anrichten. Mit den Nüssen garnieren.

BUNTER SPAGETTI-SALAT

- *300 g Dinkelspagetti*
- *16 Cherrytomaten*
- *1 gelber Gemüsepaprika/ Peperoni*
- *1 kleine Salatgurke*
- *16 schwarze Oliven*

Sauce

- *4–5 EL Balsamessig*
- *Meersalz*
- *einige Tropfen Tabascosauce*
- *Pfeffer aus der Mühle*
- *5–6 EL kaltgepresstes Olivenöl*
- *1 Bund Basilikum, fein geschnitten*
- *Basilikum, für die Garnitur*

1. Die Spagetti in reichlich Salzwasser al dente kochen, abgießen und unter kaltem Wasser abschrecken.

2. Die Tomaten halbieren. Den Gemüsepaprika halbieren, die Kerne und den Stielansatz entfernen. Die Fruchthälften längs halbieren oder vierteln und quer in Streifen schneiden. Die Gurke beidseitig kappen, längs vierteln und in Scheiben schneiden.

3. Die Spagetti mit einer Gabel zu Nestchen drehen, anrichten. Das Gemüse und die Oliven darauf verteilen. Mit der Sauce beträufeln. Mit dem Basilikum garnieren.

Abbildung Seite 41, oben

DINKEL-LAUCH-SALAT

- *150 g Dinkelschrot*
- *350 ml/3,5 dl Gemüsebrühe*
- *10 g Butter*
- *Meersalz*

- *500 g Lauch*

Sauce

- *1–2 EL Zitronensaft*
- *2 EL gehackte Kräuter, z. B. Petersilie, Basilikum, Liebstöckel*
- *1 kleine Zwiebel, fein gehackt*
- *250 g Jogurt natur*
- *3 EL kaltgepresstes Olivenöl*
- *Pfeffer aus der Mühle*
- *1 EL fein gehackte Petersilie*

1. Den Dinkelschrot und die Gemüsebrühe aufkochen, 10 Minuten zugedeckt auf kleinem Feuer köcheln lassen. Auf der ausgeschalteten Wärmequelle zugedeckt 10 bis 15 Minuten nachquellen lassen. Die Butter untermischen und eventuell mit Meersalz nachwürzen.

2. Den Lauch putzen und in Scheiben schneiden, im Dampf knackig garen, auskühlen lassen.

3. Die Sauce mit dem Dinkelschrot und den Lauchscheiben mischen (einige für die Garnitur beiseite stellen).

4. Den Salat auf Tellern anrichten, mit dem Lauch und der Petersilie garnieren.

KÖRNIGER SALAT MIT BUNTEN BOHNEN

- *150 g gemischte getrocknete Bohnenkerne (Indianerbohnen, weiße Bohnen, Borlotti-Bohnen)*

- *100 g Dinkelkörner*
- *150–200 ml/1,5–2 dl Wasser*
- *1 Prise Meersalz*

Sauce

- *4–6 EL Balsamessig*
- *1 TL Zitronensaft*
- *Meersalz*
- *Pfeffer aus der Mühle*
- *6 EL kaltgepresstes Olivenöl*
- *1/2 TL frisch geriebener Meerrettich*
- *je 1/2 TL Thymian, Liebstöckel und Bohnenkraut, fein gehackt*
- *2 EL fein gehackte Petersilie*
- *1 Knoblauchzehe*

- *2–3 Köpfchen Radicchio/ Cicorino rosso*
- *Balsamessig*
- *kaltgepresstes Olivenöl*

1. Die Bohnen über Nacht in kaltem Wasser einweichen. Das Wasser am nächsten Tag abgießen. Die Bohnen mit frischem Wasser aufsetzen, aufkochen und auf kleinem Feuer 40 bis 45 Minuten kochen lassen, bis die Bohnen weich sind.

2. Dinkelkörner einweichen, Seite 22.

3. Die Dinkelkörner mit dem Wasser aufkochen, auf kleinem Feuer zugedeckt 30 Minuten köcheln lassen. Auf der ausgeschalteten Wärmequelle zugedeckt 30 Minuten nachquellen lassen. Die Prise Salz darunter rühren.

4. Für die Sauce alle Zutaten bis und mit Öl gut verrühren. Die Kräuter dazugeben, den Knoblauch dazupressen.

5. Die Bohnen und die Dinkelkörner mit der Sauce mischen. 30 Minuten ziehen lassen.

6. Den Radicchio in die einzelnen Blätter zerlegen. Kreisförmig auf Teller legen oder Salatschalen damit auslegen. Mit dem Balsamessig und dem Olivenöl beträufeln. Den Salat in die Mitte geben.

Tipp: Der Salat kann auch mit nur einer Sorte Bohnen zubereitet werden.

Abbildung:
oben: Bunter Spagetti-Salat, Rezept Seite 39
unten: Körniger Salat mit bunten Bohnen

SCHROTSALAT MIT KÜRBIS

- *100 g Dinkelschrot*
- *250–300 ml/2,5–3 dl Gemüsebrühe*

- *500–600 g Kürbis (Oranger Knirps)*
- *100 ml/1 dl Wasser*
- *1 Prise Meersalz*

Sauce

- *6 EL Balsamessig*
- *1/2 TL Senf*
- *1/2 TL flüssiger Honig*
- *Kräutermeersalz*
- *Pfeffer aus der Mühle*
- *6 EL kaltgepresstes Olivenöl*
- *1 EL fein gehackte italienische Petersilie*
- *2 Salbeiblättchen, in Streifen*
- *1 Zweiglein Thymian, fein gehackt*

- *2 EL Kürbiskerne*
- *12 schwarze Oliven, entsteint, in Streifen*

1. Den Dinkelschrot und die Gemüsebrühe aufkochen, 10 bis 15 Minuten zugedeckt auf kleinem Feuer köcheln lassen. Auf der ausgeschalteten Wärmequelle zugedeckt 15 bis 20 Minuten nachquellen lassen. Mit einer Gabel lockern.

2. Den Kürbis schälen und in kleine Würfel schneiden, im Dampf 5 bis 10 Minuten knackig garen. Auskühlen lassen.

3. Für die Sauce alle Zutaten gut verrühren.

4. Den Dinkelschrot und den Kürbis mit der Sauce mischen. Abschmecken. In Salatschalen anrichten.

5. Die Kürbiskerne ohne Fettstoff rösten. Zusammen mit den Oliven über den Salat streuen.

HERBSTLICHER SALATTELLER MIT PARANÜSSEN

- *150 g Grünkernkörner*
- *250 ml/2,5 dl Wasser*
- *1 Prise Meersalz*

Sauce

- *1 1/2 EL Apfelessig*
- *1 EL Zitronensaft*
- *1 Msp Meersalz*
- *1/2 TL flüssiger Honig*
- *1 TL Senf*
- *1/2 TL Paprikapulver*
- *2 Spritzer Sojasauce*
- *3 EL Jogurt natur*
- *Pfeffer aus der Mühle*
- *2 EL kaltgepresstes Distel- oder Nussöl*
- *1 EL gehackte Kräuter*

- *150 g Möhren/Karotten*
- *150 g Pastinaken*
- *1 kleiner Lauch*

- *8–12 Paranüsse*
- *1 Hand voll Feldsalat/Nüsslisalat*

1. Grünkern, Wasser und Meersalz aufkochen, zugedeckt 30 Minuten auf kleinem Feuer köcheln lassen. 20 bis 30 Minuten auf der ausgeschalteten Wärmequelle zugedeckt nachquellen lassen.

2. Für die Sauce alle Zutaten gut verrühren und die Kräuter dazugeben.

3. Die Sauce mit dem Grünkern mischen, 20 Minuten ziehen lassen.

4. Die geputzten Möhren und Pastinaken fein raspeln. Den Lauch in 3 cm lange Stücke, dann längs in sehr feine Streifen schneiden. Sämtliches Gemüse unter den Grünkernsalat mischen.

5. Die Paranüsse grob hacken, in einer Pfanne ohne Fettstoff kurz rösten.

6. Den Salat auf Tellern anrichten, mit den Paranüssen bestreuen und dem Feldsalat garnieren.

GRÜNKERNSALAT MIT MAISKÖRNERN UND LINSEN

- *150 g grüne Linsen*
- *300 ml/3 dl Wasser*

- *150 g Grünkernkörner*
- *450 ml/4,5 dl Gemüsebrühe*

Sauce

- *3 EL Zitronensaft*
- *1 EL Sherry*
- *Meersalz*
- *Pfeffer aus der Mühle*
- *6 EL kaltgepresstes Olivenöl*
- *1/2 Sträußchen Petersilie, fein gehackt*
- *1/2 TL getrocknetes Basilikum*

- *3 Knoblauchzehen*
- *1 Zwiebel, in Scheiben*
- *150 g Maiskörner aus der Dose*
- *1 roter Gemüsepaprika/Peperoni, in sehr dünnen Streifen*

1. Die Linsen im Wasser aufkochen, das Wasser abgießen und nochmals mit frischem Wasser aufsetzen, aufkochen und rund 30 Minuten köcheln lassen, bis die Linsen weich sind. Das restliche Wasser abgießen.

2. Die Grünkernkörner und die Gemüsebrühe aufkochen, auf kleinem Feuer zugedeckt 30 Minuten köcheln lassen. Auf der ausgeschalteten Wärmequelle zugedeckt 30 Minuten nachquellen lassen.

3. Für die Sauce alle Zutaten gut verrühren, 10 Minuten stehen lassen.

4. Linsen, Grünkernkörner, Zwiebeln, durchgepressten Knoblauch, Maiskörner und Gemüsepaprika mit der Sauce mischen, 30 Minuten ziehen lassen. Anrichten.

DINKELSALAT MIT GRÜNEM SPARGEL UND ZUCKERSCHOTEN

- *100 g Dinkelkörner*
- *200 ml/2 dl Wasser*
- *Gemüsebrüehepulver*

- *400 g grüner Spargel*
- *300 g Zuckerschoten/Kefen*
- *Kräutermeersalz*

- *1 Dutzend Radieschen, halbiert*

Sauce

- *3 EL Weißweinessig*
- *evtl. 1 EL Weißwein*
- *1 TL scharfer Senf*
- *4 EL Sahne/Rahm*
- *Kräutermeersalz*
- *Pfeffer aus der Mühle*
- *2 EL kaltgepresstes Sonnenblumenöl*

- *wenig Schnittlauch, fein geschnitten*
- *1 Hand voll Kresse*

1. Dinkelkörner einweichen, Seite 22.

2. Die Dinkelkörner und das Wasser aufkochen, 30 Minuten zugedeckt auf kleinem Feuer köcheln lassen. Auf der ausgeschalteten Wärmequelle zugedeckt 30 Minuten nachquellen lassen. Mit dem Gemüsebrühepulver würzen.

3. Die untere Hälfte beim Spargel schälen, dann diagonal in 3 cm lange Stücke schneiden. Die Zuckerschoten putzen, diagonal halbieren. Zuckerschoten und Spargel im Dampf knackig garen, rund 15 bis 20 Minuten. Unter kaltem Wasser abschrecken.

4. Die Zutaten für die Sauce gut verrühren.

5. Dinkel, Zuckerschoten, Spargel und Radieschen auf Tellern anrichten, die Sauce darüber träufeln. Mit dem Schnittlauch und der Kresse garnieren.

KOHLPÄCKCHEN MIT DINKELFÜLLUNG

- *8–12 große Kohl-/Kabisblätter*

- *150 g Dinkelschrot*
- *400 ml/4 dl Gemüsebrühe*

- *2 EL kaltgepresstes Olivenöl*
- *1 Zwiebel, fein gehackt*
- *100 g Austernpilze oder Champignons, in Scheiben*
- *1 kleine rote Pfefferschote, halbiert, entkernt, in Streifen*
- *150 g tiefgekühlte Kastanien, aufgetaut und grob gehackt*
- *wenig Gemüsebrühe*
- *100 g Feta*
- *Pfeffer aus der Mühle*
- *1 Msp Paprikapulver*

- *150 ml/1,5 dl Gemüsebrühe*

1. Bei den Kohlblättern die dicken Mittelrippen entfernen, ohne dass das Blatt zweigeteilt wird. Die Kohlblätter in kochendem Wasser 2 Minuten blanchieren. Auf einem Küchentuch ausbreiten.

2. Den Dinkelschrot in der Gemüsebrühe aufkochen, 15 Minuten auf kleinem Feuer zugedeckt köcheln lassen. 15 Minuten zugedeckt auf der ausgeschalteten Wärmequelle nachquellen lassen.

3. Für die Füllung Zwiebeln, Pilze und Pfefferschoten im Olivenöl andünsten. Die Kastanien dazugeben. Auf kleinem Feuer zugedeckt 10 Minuten köcheln lassen, eventuell etwas Gemüsebrühe dazugeben. Den mit einer Gabel zerdrückten Schafskäse darunter rühren. Würzen.

4. Die Pilzmischung mit dem Dinkelschrot mischen. Nach Belieben nachwürzen.

5. Bei den Kohlblättern die Schnittstellen übereinanderlegen. Die Dinkelmasse in die Mitte geben und die Blätter zu Päckchen einrollen. Eventuell mit Küchengarn binden.

6. Die Kohlpäckchen nebeneinander in eine weite Pfanne legen, die Gemüsebrühe dazugießen, aufkochen und auf mittlerem Feuer zugedeckt knapp 15 Minuten köcheln lassen.

ROTE-BETE-SPÄTZLE AN SAHNESAUCE

Spätzle

- *100 g rohe Rote Beten/Randen*
- *250 g Dinkelruchmehl (Type 1050)*
- *50 g feines Buchweizenmehl*
- *1 TL Meersalz*
- *1 Freilandei*
- *100 ml/1 dl Wasser*
- *1 TL Distelöl*

Spätzlewasser

- *Wasser*
- *1 Lorbeerblatt*
- *einige Korianderkörner*
- *1 EL kaltgepresstes Olivenöl*
- *Meersalz*
- *Butter*

Sauce

- *1 EL Butter*
- *1 kleine Zwiebel, fein gehackt*
- *1 TL Pfeilwurzelmehl*
- *200 ml/2 dl Gemüsebrühe*
- *100 g/1 dl Sahne/Rahm*
- *Meersalz*
- *Pfeffer aus der Mühle*
- *wenig Zitronensaft*

1. Rote Beten schälen und mit der Bircher-Rohkostreibe fein reiben.

2. Für den Spätzleteig das Mehl und das Salz mischen, die geriebenen Roten Beten und die restlichen Zutaten darunter rühren. Den Teig 30 Minuten ruhen lassen.

3. Für die Sauce die Zwiebeln in der Butter andünsten. Das Pfeilwurzelmehl mit der Gemüsebrühe anrühren und beifügen, aufkochen, die Sauce einköcheln lassen. Kurz vor dem Servieren die Sahne dazugeben, noch einmal kurz köcheln lassen. Die Sauce würzen und mit einigen Tropfen Zitronensaft abschmecken.

4. Für die Spätzle in einem großen Topf reichlich Wasser zusammen mit dem Lorbeerblatt, den Korianderkörnern und dem Öl aufkochen, mit dem Salz würzen. Den Teig portionsweise durch ein Spätzlesieb ins Wasser streichen. Die Spätzle aufsteigen lassen, 2 bis 3 Minuten ziehen lassen, dann mit einem Schaumlöffel herausnehmen. Mit wenig Butter mischen, warm stellen.

5. Mit der Sahnesauce auf vorgewärmten Tellern einen Spiegel machen. Die Spätzle anrichten.

Tipp: Mit gedünstetem Stauden-/Stangensellerie servieren.

DINKELSCHNITTEN MIT STEINPILZEN

- *10 g Butter*
- *1 kleine Zwiebel, fein gehackt*
- *100 g Lauch, in feinen Ringen*
- *100 g tiefgefrorene Kastanien, aufgetaut und grob gehackt*
- *200 g Dinkelschrot*
- *1/2 TL gehackter Thymian*
- *1 TL Saft und etwas abgeriebene Schale einer unbehandelten Zitrone*
- *550–600 ml/5,5–6 dl Gemüsebrühe*
- *Kräutermeersalz*
- *Pfeffer aus der Mühle*
- *4 EL Vollmilchquark*
- *50 g geriebener Greyerzer Käse*

- *300–400 g frische Steinpilze oder andere Pilze, in Scheiben*
- *2 EL kaltgepresstes Olivenöl*
- *1 kleine Zwiebel, fein gehackt*
- *2 EL Weißwein*
- *100 ml/1 dl Gemüsebrühe*
- *3 EL saure Sahne/Sauerrahm*
- *1 EL gehackte Petersilie*

- *fein gehackte Petersilie*

1. Zwiebeln, Lauch und Kastanien in der Butter andünsten. Den Dinkelschrot beifügen und kurz mitdünsten. Den Thymian und den Zitronensaft zugeben und mit der Gemüsebrühe auffüllen, aufkochen und auf kleinstem Feuer zugedeckt 20 Minuten köcheln lassen. Die abgeriebenen Zitronenschalen beifügen und mit Kräutermeersalz und Pfeffer abschmecken. Den Quark und den geriebenen Käse untermischen.

2. Die Dinkelmasse in einem gebutterten Blech ausstreichen, auskühlen lassen. In Rechtecke von rund 8 x 5 cm schneiden.

3. Die Steinpilze putzen, in feine Scheiben schneiden.

4. Die Pilze und die Zwiebeln im Olivenöl andünsten, mit dem Weißwein und der Gemüsebrühe ablöschen, etwas einköcheln lassen. Die saure Sahne und die Petersilie beifügen, auf die Dinkelmasse verteilen.

5. Die Dinkelschnitten im vorgeheizten Ofen bei 220 Grad 10 Minuten backen.

Tipp: Mit Blattsalat servieren.

KRÄUTERNUDELN AN ORANGENSAUCE

Nudeln

- *150 g Dinkelvollkornmehl, Kleie ausgesiebt*
- *100 g Dinkelhalbweißmehl (Type 720)*
- *1/2 TL Meersalz*
- *2 Freilandeier*
- *2–3 EL fein gehackter Blattspinat*
- *1 EL fein gehackter Oregano*
- *1 EL fein gehackte Petersilie*
- *1 EL kaltgepresstes Olivenöl*

Sauce

- *150 ml/1,5 dl ungesüßter Orangensaft (Reformhaus/ Bioladen)*
- *200 ml/2 dl Gemüsebrühe*
- *1 kleine Zwiebel, fein gehackt*
- *2 Msp Pfeilwurzelmehl*
- *4–5 EL Sahne/Rahm*
- *1 TL abgeriebene Schale einer unbehandelten Orange*
- *2 EL Grand Marnier*
- *1 TL Cognac*
- *Meersalz*
- *Pfeffer aus der Mühle*

- *1 unbehandelte Orange*
- *einige Oreganoblättchen*

1. Für die Nudeln sämtliche Zutaten zu einem elastischen Teig kneten. Wenn der Teig zu trocken ist, wenig Wasser einkneten. Den Teig zugedeckt bei Zimmertemperatur 30 Minuten ruhen lassen.

2. Für die Sauce Orangensaft, Gemüsebrühe und Zwiebeln aufkochen und auf die Hälfte einköcheln lassen. Das Pfeilwurzelmehl mit der Sahne verrühren, mit den restlichen Zutaten unter die Orangensauce rühren. Nochmals 5 bis 10 Minuten köcheln lassen. Mit Meersalz und Pfeffer abschmecken.

3. Die Schale der unbehandelten Orange dünn abschälen, die Orange in feine Scheiben schneiden. Beides für die Garnitur beiseite stellen.

4. Den Nudelteig nochmals durchkneten, auf leicht bemehlter Arbeitsfläche sehr dünn ausrollen, den Teig einrollen und in Streifen schneiden.

5. Die Nudeln in reichlich Salzwasser al dente kochen. Sofort mit der heißen Orangensauce mischen. Garnieren mit den Orangenschalen, den Orangenscheiben und dem Oregano.

GRÜNKERN-FRIKADELLEN

für 12 Frikadellen

- *200 g Grünkernschrot*
- *400 ml/4 dl Gemüsebrühe*

- *1–2 Knoblauchzehen*
- *1 kleine Zwiebel, fein gehackt*
- *1 EL fein geschnittene Pfefferminze*
- *1–2 Freilandeier*
- *Pfeffer aus der Mühle*
- *Meersalz*
- *Öl zum Braten*
- *Pfefferminzblättchen*

1. Den Grünkernschrot und die Gemüsebrühe aufkochen, auf kleinem Feuer rund 10 Minuten köcheln lassen, dann auf der ausgeschalteten Wärmequelle 15 bis 20 Minuten nachquellen lassen. Die Masse abkühlen lassen.

2. Durchgepressten Knoblauch, Zwiebeln und Pfefferminze zusammen mit den Eiern unter den ausgekühlten Schrot rühren. Die Getreidemasse würzen.

3. Aus der Grünkernmasse 4 bis 5 cm große Kugeln formen und diese flach drücken.

4. Die Frikadellen im Öl auf mittlerem Feuer langsam beidseitig braten.

ÜBERBACKENE DINKELSCHNITTEN

- *100 g Dinkelschrot*
- *50 g Dinkelvollkorngrieß*
- *50 g Dinkelflocken*
- *300 ml/3 dl Wasser*
- *300 ml/3 dl Milch*
- *Meersalz*

- *100 g geriebener Parmesan*
- *150 ml/1,5 dl saure Sahne/ Sauerrahm*
- *1 TL Kümmelsamen*
- *1 Zweiglein Thymian, gehackt*

1. Schrot, Grieß und Flocken mit dem Wasser und der Milch aufkochen, 15 bis 20 Minuten auf kleinem Feuer köcheln lassen. Mit Meersalz würzen.

2. Die Masse auf einem mit Butter eingefetteten Blech 1 cm dick ausstreichen und etwas auskühlen lassen.

3. Parmesan unter die saure Sahne rühren, auf die Dinkelmasse streichen. Mit Kümmel und gehacktem Thymian bestreuen.

4. Dinkelschnitten im vorgeheizten Ofen bei 200 Grad 10 bis 15 Minuten überbacken. In Stücke schneiden.

Abbildung:
Grünkern-Frikadellen

PFANNKUCHEN MIT GEMÜSEFÜLLUNG

für 12 bis 14 Pfannkuchen

Teig

- *180 g Dinkelvollkornmehl*
- *50 g Buchweizenmehl*
- *1/2 TL Meersalz*
- *1 Freilandei*
- *250 ml/2,5 dl Milch*
- *300 ml/3 dl Wasser*

- *10 g Butter*
- *1 kleine Zwiebel, fein gehackt*
- *200 g grüne Bohnen, in 1,5 cm langen Stücken*
- *1 kleiner Fenchel, in feinen Streifen*
- *wenig Gemüsebrühe*
- *200 g Maiskörner aus der Dose*
- *1 roter Gemüsepaprika/Peperoni, in feinen Streifen*
- *Kräutermeersalz*
- *Pfeffer aus der Mühle*

- *Butterschmalz/Bratbutter*
- *2 EL fein geschnittener Schnittlauch*

1. Sämtliche Zutaten für den Pfannkuchenteig glatt rühren. Den Teig bei Zimmertemperatur 30 Minuten ruhen lassen.

2. Die Zwiebeln in der Butter andünsten. Die Bohnen und den Fenchel beifügen und mitdünsten. Mit der Gemüsebrühe ablöschen, aufkochen und auf kleinem Feuer knackig garen. Die Maiskörner und die Paprikastreifen beifügen, kurz mitköcheln lassen. Mit Kräutermeersalz und Pfeffer abschmecken.

3. Aus dem Teig in wenig Butterschmalz dünne Pfannkuchen braten. Mit der Gemüsemischung belegen und einrollen. Mit dem Schnittlauch garnieren.

KÜRBISKÜCHLEIN MIT ZITRONENMELISSE-SAUCE

für 12 bis 16 Küchlein

Kürbisküchlein

- *150 g feiner Dinkelschrot*
- *50 g feines Buchweizenmehl*
- *1 TL Meersalz*
- *1 Eigelb von einem Freilandei*
- *150–200 ml/1,5–2 dl Wasser*
- *300 g Kürbisfleisch (Oranger Knirps)*
- *1 EL gehackte Kürbiskerne*
- *1 EL Sonnenblumenkerne*
- *1 EL Kürbiskernöl*
- *1 Eiweiß*
- *Butterschmalz/Bratbutter*

Sauce

- *10 g Butter*
- *1 Zwiebel, fein gehackt*
- *1 Sträußchen Petersilie, fein gehackt*
- *2 EL trockener Weißwein*
- *100 ml/1 dl Gemüsebrühe*
- *Pfeffer aus der Mühle*
- *Meersalz*
- *1 Prise geriebene Muskatnuss*
- *1 Bund Zitronenmelisse, gehackt*
- *40–60 g kalte Butter*
- *einige Zitronenmelisseblättchen*

1. Für den Teig Schrot, Mehl, Meersalz, Eigelb und Wasser glatt rühren. Das Kürbisfleisch mit der Bircher-Rohkostreibe dazureiben. Kerne und Öl darunter rühren. Bei Zimmertemperatur zugedeckt 30 Minuten ruhen lassen. Das Eiweiß zu Schnee schlagen, unter den Teig ziehen.

2. Für jedes Küchlein 2 Esslöffel Teigmasse im Butterschmalz langsam beidseitig braten.

3. Für die Sauce die Zwiebeln in der Butter andünsten, die Petersilie beifügen und kurz mitdünsten. Den Weißwein und die Gemüsebrühe dazugeben, wenig einköcheln lassen. Mit Pfeffer, Meersalz und Muskat würzen. Die Zitronenmelisse dazugeben, nochmals kurz aufkochen. Die kalte Butter stückchenweise mit dem Schneebesen darunter rühren, die Sauce nicht mehr kochen.

4. Mit der Sauce auf vorgewärmten Tellern einen Spiegel machen, die Küchlein darauf anrichten. Mit Zitronenmelisse garnieren.

NUDELN MIT ZUCCHINI-SAFRAN-SAUCE

- *300–400 g breite Dinkelnudeln*

Sauce

- *10 g Butter*
- *1 große Zwiebel, fein gehackt*
- *500 g Zucchini, in 5 mm dicken Stäbchen*
- *wenig Gemüsebrühe*
- *1 Briefchen Safranpulver oder 20 Safranfäden*
- *200 g/2 dl Sahne/Rahm*
- *Meersalz*
- *Pfeffer aus der Mühle*
- *1 TL gehackter Dill*

- *5 EL geriebener Parmesan*

1. Die Zwiebeln in der Butter andünsten, die Zucchini dazugeben und mitdünsten. Gemüsebrühe, Safran und Sahne dazugeben, einige Minuten köcheln lassen. Die Sauce würzen und mit dem Dill abschmecken.

2. Die Nudeln in reichlich Salzwasser al dente kochen.

3. Nudeln, Zucchinisauce und Käse mischen. Sofort servieren.

Abbildung:
Dinkelschrot mit Bananen-Wirsing

DINKELSCHROT MIT BANANEN-WIRSING

- *200 g Dinkelschrot*
- *450 ml/4,5 dl Gemüsebrühe*
- *30 g Cashewnüsse*
- *4 Wirsingblätter, blanchiert*

- *10 g Butter*
- *1 kleine Zwiebel, fein gehackt*
- *1 1/2 TL scharfer Curry*
- *300–400 g Wirsing/Wirz, in feinen Streifen*
- *wenig Gemüsebrühe*
- *Kräutermeersalz*
- *1 Banane*
- *100 ml/1 dl saure Sahne/Sauerrahm*

1. Den Dinkelschrot und die Gemüsebrühe aufkochen, auf kleinem Feuer zugedeckt 10 Minuten köcheln lassen. Auf der ausgeschalteten Wärmequelle zugedeckt 20 bis 30 Minuten nachquellen lassen. Mit einer Gabel lockern. Die Cashewnüsse darunter mischen.

2. Die Zwiebeln in der Butter andünsten, den Curry darüberstäuben. Die Wirsingstreifen mitdünsten, ablöschen mit wenig Gemüsebrühe. Würzen. Das Gemüse knackig kochen.

3. Die Banane in Scheiben schneiden, mit der sauren Sahne unter den Wirsing mischen. Nochmals erwärmen.

4. Dinkelschrot und Wirsing anrichten.

DINKELPFANNKUCHEN MIT SPINATFÜLLUNG

für 8 bis 12 kleine Pfannkuchen

Teig

- *150 g feines Dinkelvollkornmehl*
- *50 g Buchweizenmehl*
- *1/2 TL Meersalz*
- *200 ml/2 dl Milch*
- *300 ml/3 dl Wasser*
- *1 Freilandei*

Füllung

- *10 g Butter*
- *1 kleine Zwiebel, fein gehackt*
- *800 g frischer Blattspinat (oder 600 g tiefgekühlter Spinat)*
- *1 EL saure Sahne/Sauerrahm*
- *1 Prise geriebene Muskatnuss*
- *Pfeffer aus der Mühle*
- *Meersalz*

- *Butterschmalz/Bratbutter*

- *150 g/1,5 dl Sahne/Rahm*
- *50 ml/0,5 dl Wasser*

1. Sämtliche Zutaten für den Teig glatt rühren. Den Teig bei Zimmertemperatur zugedeckt 30 Minuten ruhen lassen.

2. Die Zwiebeln in der Butter andünsten, den Spinat beifügen und unter Rühren zusammenfallen lassen. Die saure Sahne dazugeben, mit Muskat, Pfeffer und Meersalz würzen.

3. Aus dem Teig in wenig Butterschmalz dünne Pfannkuchen braten.

4. Die Pfannkuchen mit 1 bis 2 Esslöffeln Spinat belegen und aufrollen. In eine gebutterte Gratinform legen. Die mit dem Wasser verquirlte Sahne über die Pfannkuchen gießen.

5. Die Pfannkuchen im vorgeheizten Ofen bei 200 Grad 20 bis 25 Minuten überbacken.

GRÜNKERNKUGELN MIT TOMATENSAUCE

für ca. 20 Kugeln

Grünkernkugeln

- *10 g Butter*
- *1 kleine Zwiebel, fein gehackt*
- *200 g Grünkernschrot*
- *1 TL fein gehackter Oregano*
- *450 ml/4,5 dl Gemüsebrühe*
- *10 schwarze Oliven, entsteint und grob gehackt*
- *Kräutermeersalz*
- *Pfeffer aus der Mühle*

- *50 g Semmelbrösel/Paniermehl*

Tomatensauce

- *1 EL kaltgepresstes Olivenöl*
- *2 Knoblauchzehen*
- *1 roter Gemüsepaprika/Peperoni, klein gewürfelt*
- *2 EL Rotwein*
- *300 g Pelati aus der Dose oder 300 ml/3 dl Tomatensaft*
- *1 TL fein gehackter Oregano*
- *1 TL Paprikapulver*
- *je 1 Prise Zucker und Nelkenpulver*
- *Meersalz*
- *Pfeffer aus der Mühle*
- *einige Oreganoblättchen*

1. Für die Grünkernkugeln die Zwiebeln in der Butter andünsten, den Grünkernschrot beifügen und kurz mitdünsten. Den Oregano und die Gemüsebrühe dazugeben, aufkochen und auf kleinem Feuer zugedeckt 15 Minuten köcheln lassen, gelegentlich rühren. Den Schrot auf der ausgeschalteten Wärmequelle 10 Minuten zugedeckt nachquellen lassen.

2. Die Oliven unter die Grünkernmasse mischen, mit Kräutermeersalz und Pfeffer würzen. Mit einem Löffel kleine Portionen abstechen, Kugeln formen und diese in den Semmelbröseln wenden.

3. Eine Gratinform mit Butter einstreichen, die Grünkernkugeln hineinsetzen. Im vorgeheizten Ofen bei 220 Grad etwa 15 Minuten backen.

4. Für die Sauce den durchgepressten Knoblauch und den Gemüsepaprika im Olivenöl andünsten, den Rotwein und die Pelati beigeben. Den Oregano unterrühren, gut würzen. Die Sauce 20 Minuten auf kleinem Feuer köcheln lassen.

5. Die Sauce auf Tellern anrichten, die Kugeln darauf setzen und mit Oreganoblättchen garnieren.

Tipp: Mit Blattsalat servieren.

DINKELKUCHEN MIT TOMATEN-PAPRIKA-GEMÜSE

Dinkelkuchen

- *1 EL kaltgepresstes Olivenöl*
- *1 Zwiebel, fein gehackt*
- *1 Knoblauchzehe*
- *100 g Dinkelschrot*
- *300 ml/3 dl Gemüsebrühe*
- *80 g geriebene Mandeln*
- *20 g Sultaninen*
- *1 Freilandei*
- *2 EL Sahne/Rahm*
- *1 Sträußchen Petersilie, fein gehackt*
- *1 Möhre/Karotte, klein gewürfelt*
- *Kräutermeersalz*
- *1 TL Sojasauce*
- *Pfeffer aus der Mühle*
- *1 TL getrockneter Thymian*

Gemüse

- *1 EL kaltgepresstes Olivenöl*
- *2 Tomaten, klein gewürfelt*
- *1 gelber Gemüsepaprika/ Peperoni, klein gewürfelt*
- *1 EL Tomatenkonzentrat*
- *3–4 EL Rotwein*
- *50 ml/0,5 dl Wasser*
- *Kräutermeersalz*
- *einige Tropfen Tabascosauce*

1. Für den Dinkelkuchen die Zwiebeln und den durchgepressten Knoblauch im Olivenöl andünsten. Den Dinkelschrot kurz mitdünsten, mit der Gemüsebrühe auffüllen, aufkochen und 10 Minuten auf kleinem Feuer zugedeckt köcheln lassen. Die restlichen Zutaten unter den Schrot mischen, abschmecken. Die Schrotmasse in eine gebutterte Kastenform/Cakeform füllen und glatt streichen.

2. Den Dinkelkuchen im vorgeheizten Ofen bei 190 Grad 30 bis 40 Minuten backen. Im ausgeschalteten Ofen 10 Minuten ruhen lassen.

3. Für das Gemüse Tomaten- und Paprikawürfelchen im Olivenöl andünsten. Tomatenkonzentrat, Rotwein und Wasser beifügen und zugedeckt 10 bis 15 Minuten dünsten. Mit Tabascosauce und Kräutermeersalz abschmecken.

4. Den Dinkelkuchen in Scheiben schneiden, zusammen mit dem Gemüse anrichten.

Tipp: Je nach Saison passen auch andere Gemüsesorten.

75 cl

BROTPASTETCHEN MIT DINKEL-KÄSE-FÜLLUNG

- *4–8 Scheiben Vollkornbrot oder Vollkornzopf, 3 cm dick geschnitten*

Füllung

- *1 EL Butter*
- *100 g Dinkelschrot*
- *150 g Lauch, fein geschnitten*
- *250 ml/2,5 dl Gemüsebrühe*
- *1/2 roter Gemüsepaprika/ Peperoni, klein gewürfelt*
- *2 EL fein gehackte Petersilie*
- *80 g geriebener Greyerzer Käse*
- *1–2 EL Vollmilchquark*
- *Pfeffer aus der Mühle*
- *Meersalz*
- *1/4 TL Currypulver*

- *1 roter Gemüsepaprika/Peperoni, in feinen Streifen*

- *20 g flüssige Butter*

1. Die Brot- oder Zopfscheiben so aushöhlen, dass noch 1 cm Rand und ein dünner Boden bleiben. Das ausgehöhlte Brot trocknen lassen und für Vollkornbrösel/Paniermehl weiterverwenden.

2. Den Dinkelschrot und den Lauch in der Butter andünsten, die Gemüsebrühe dazugießen, aufkochen und auf kleinem Feuer zugedeckt 10 Minuten köcheln lassen. Auf der ausgeschalteten Wärmequelle 10 bis 15 Minuten nachquellen lassen. Paprika, Petersilie, Käse und Quark unter den Dinkel rühren. Würzen.

3. Ofen auf 180 Grad vorheizen.

4. Die Dinkelmasse in die Pastetchen füllen. Mit den Paprikastreifen garnieren. Die Brotränder mit der flüssigen Butter einpinseln.

5. Die Pastetchen im vorgeheizten Ofen 15 bis 20 Minuten backen.

Tipp: Es können auch 1 cm dicke Brotscheiben mit der Dinkelmasse bedeckt und überbacken werden.

GEMÜSEPFANNKUCHEN

Gemüse

- *1 EL Butter*
- *1 Zwiebel, fein gehackt*
- *300 g gemischtes Gemüse, z. B. Kürbis, Möhren/Karotten, Zucchini, Lauch, in feinen Streifen oder klein gewürfelt*
- *1 kleine rote Pfefferschote, in feinen Ringen*
- *3 EL gehackte Petersilie*
- *Kräutermeersalz*
- *Pfeffer aus der Mühle*

Pfannkuchen

- *3–4 Freilandeier*
- *50 ml/0,5 dl Wasser*
- *200 g gekochter Dinkelschrot*
- *100 g gekochte Grünkernkörner, Seite 37*

- *Butterschmalz/Bratbutter*

1. Die Zwiebeln in der Butter andünsten, das Gemüse, die Pfefferschoten und die Petersilie dazugeben und 2 bis 3 Minuten mitdünsten. Würzen.

2. Die Eier und das Wasser verrühren, mit dem Getreide und dem Gemüse mischen. Abschmecken.

3. Aus dem Teig im Butterschmalz 4 Pfannkuchen braten. Warm stellen.

4. Die Pfannkuchen zusammen mit dem Gemüse anrichten.

SPAGETTI MIT BOHNEN-BROKKOLI-GEMÜSE

- *300–400 g Dinkelspagetti*

- *2 EL kaltgepresstes Olivenöl*
- *1 Zwiebel, fein gehackt*
- *1 Knoblauchzehe*
- *250 g grüne Bohnen, in 3 cm langen Stücken*
- *250 g Brokkoli, in kleinen Röschen*
- *100 ml/1 dl Gemüsebrühe*
- *Kräutermeersalz*
- *Pfeffer aus der Mühle*

- *1 Tomate, klein gewürfelt*
- *2 EL fein geschnittener Schnittlauch*

- *40 g geriebener Parmesan*

1. Die Zwiebeln und den durchgepressten Knoblauch im Olivenöl andünsten. Die Bohnen und den Brokkoli dazugeben und mitdünsten, mit der Gemüsebrühe ablöschen. Das Gemüse aufkochen und auf kleinem Feuer knackig kochen. Würzen.

2. Die Spagetti in reichlich Salzwasser al dente kochen.

3. Die Spagetti mit der heißen Sauce, den Tomatenwürfelchen und dem Käse mischen. Sofort servieren.

GRÜNKERN MIT MARINIERTEM GEMÜSE

- *300 g Fenchel*
- *300 g Kohlrabi*

- *200 g gekochte Grünkernkörner, Seite 37*

Marinade

- *3 EL Zitronensaft*
- *Kräutermeersalz*
- *Pfeffer aus der Mühle*
- *4–5 EL kaltgepresstes Olivenöl*

- *2 EL Kapern*
- *200 g Mozzarella, klein gewürfelt*

- *etwas gehackte Petersilie*
- *etwas Fenchelkraut*

1. Den Fenchel in Längsrichtung in Scheiben, die Kohlrabi in Stäbchen schneiden. Das Gemüse im Dampf knackig garen. Abkühlen lassen.

2. Einen Drittel der Marinade mit dem Grünkern mischen. 20 Minuten ziehen lassen.

3. Fenchel und Kohlrabi anrichten, mit der restlichen Marinade beträufeln. 15 Minuten marinieren.

4. Den Grünkern zum Gemüse geben. Die Kapern und die Mozzarella darüber streuen. Mit der Petersilie und dem Fenchelkraut garnieren.

LINSENPLÄTZCHEN

für 30 bis 40 Plätzchen

- *1 EL Butter*
- *1 Zwiebel, fein gehackt*
- *100 g Thermo-Dinkelschrot*
- *50 g rote Linsen*
- *300 ml/3 dl Gemüsebrühe*
- *1/2 TL scharfer Curry*
- *1 Msp Kurkuma (Gelbwurz)*
- *1 Freilandei, leicht geschlagen*
- *40 g Kokosraspeln*

- *Kokosraspeln zum Wenden*

- *Butterschmalz/Bratbutter*

1. Die Zwiebeln in der Butter andünsten. Den Schrot, die Linsen und die Gemüsebrühe dazugeben, aufkochen und auf kleinem Feuer 10 Minuten köcheln lassen. Auf der ausgeschalteten Wärmequelle 30 Minuten nachquellen lassen. Curry, Kurkuma, Ei und Kokosraspeln darunter rühren.

2. Aus der Masse kleine Plätzchen formen, in den Kokosraspeln wenden. Die Plätzchen im Butterschmalz beidseitig braten.

Abbildung:
Grünkern mit mariniertem Gemüse

GEBRATENE GRIESSWÜRFEL MIT PILZEN

Grieß

- *300 ml/3 dl Milch*
- *300 ml/3 dl Wasser*
- *½ TL Meersalz*
- *200 g Dinkelgrieß*

Pilze

- *10 g Butter*
- *1 kleine Zwiebel, fein gehackt*
- *400 g gemischte Pilze, z. B. Steinpilze, Pfifferlinge/Eierschwämme, Champignons, in Scheiben*
- *2 EL Rotwein*
- *100 ml/1 dl Gemüsebrühe*
- *1 TL Preiselbeermarmelade*
- *100 g/1 dl Sahne/Rahm*
- *Meersalz*
- *Pfeffer aus der Mühle*

- *Butterschmalz/Bratbutter*

1. Die Milch, das Wasser und das Meersalz aufkochen, den Grieß einrühren. Unter häufigem Rühren auf kleinem Feuer 20 Minuten köcheln lassen.

2. Den Brei auf einem mit kaltem Wasser gespülten Brett 2 cm dick zu einem Rechteck ausstreichen, auskühlen lassen. In 4 cm große Stücke schneiden.

3. Die gehackten Zwiebeln in der Butter andünsten, bis sie glasig sind. Die Pilze dazugeben und mitdünsten. Mit dem Rotwein und der Gemüsebrühe ablöschen. Die Preiselbeermarmelade dazugeben. Die Flüssigkeit auf die Hälfte einköcheln lassen. Nun die Sahne darunter rühren, abermals wenig einköcheln lassen. Würzen.

4. Die Grießschnitten im Butterschmalz langsam braten.

5. Die Grießschnitten und das Pilzragout auf vorgewärmten Tellern anrichten.

Tipp: Anstelle der Pilze können auch Gemüse oder Kompott zu den Dinkelschnitten serviert werden.

GRÜNKERN-KARTOFFEL-AUFLAUF

- *400 g Kartoffeln*

- *150–200 g Grünkernkörner*
- *400–450 ml/4–4,5 dl Wasser*
- *Kräutermeersalz*

- *20 g Butter*
- *1 Zwiebel, fein gehackt*
- *1 roter Gemüsepaprika/Peperoni, klein gewürfelt*
- *1 TL gehacktes Basilikum*
- *1 EL fein gehackte italienische Petersilie*
- *Pfeffer aus der Mühle*
- *1 Prise geriebene Muskatnuss*
- *Kräutermeersalz*

- *4–5 Tomaten, in dünnen Scheiben*

Guss

- *2 Freilandeier*
- *2–3 EL Milch*
- *100 g/1 dl Sahne/Rahm*

- *150 g Weichkäse ohne Rinde*

- *Basilikumblättchen*

1. Die Kartoffeln in der Schale kochen, etwas abkühlen lassen, dann schälen und in Scheiben schneiden.

2. Die Grünkernkörner mit dem Wasser aufsetzen, aufkochen und 30 Minuten zugedeckt auf kleinem Feuer köcheln lassen. Auf der ausgeschalteten Wärmequelle zugedeckt 20 Minuten nachquellen lassen.

3. Zwiebeln, Gemüsepaprika und Kräuter in der Butter andünsten, mit Pfeffer, Muskat und Kräutermeersalz würzen.

4. Eine Gratinform mit Butter ausstreichen und den Boden mit der Hälfte der Tomatenscheiben belegen. Kartoffeln, Grünkern und Gemüsepaprika darauf verteilen. Den Eierguss darübergießen. Mit den restlichen Tomatenscheiben belegen.

5. Den Auflauf im vorgeheizten Ofen bei 200 Grad 30 bis 40 Minuten backen. Ganz am Schluss mit dem Käse belegen, kurz schmelzen lassen. Mit Basilikumblättchen garnieren.

GEFÜLLTE ZWIEBELN

- *6–8 mittelgroße Zwiebeln*
- *100 ml/1 dl Gemüsebrühe*
- *1–2 EL kaltgepresstes Olivenöl*

- *2 EL geriebener Parmesan*

Füllung

- *100 g Dinkelschrot*
- *250 ml/2,5 dl Gemüsebrühe*
- *je 1 Prise Piment- und Paprikapulver*

- *1 EL kaltgepresstes Olivenöl*
- *1 Tomate, klein gewürfelt*
- *8 schwarze Oliven, entsteint und gehackt*
- *2 EL geriebener Parmesan*
- *1 EL gehackte Kürbiskerne*
- *1 TL gehacktes Basilikum*
- *wenig Thymian*
- *Meersalz*
- *1 Prise Cayennepfeffer*

1. Den Dinkelschrot mit der Gemüsebrühe und den Gewürzen aufkochen, 10 Minuten auf kleinem Feuer zugedeckt köcheln lassen. Auf der ausgeschalteten Wärmequelle zugedeckt 30 Minuten quellen lassen.

2. Sämtliche Zutaten für die Füllung mischen. Mit dem Dinkelschrot vermengen.

3. Die Zwiebeln schälen und 5 Minuten im Wasser sprudelnd kochen. Die Zwiebeln kreuzweise 4-mal möglichst tief einschneiden und die Zwiebelschichten leicht auseinanderdrücken.

4. Die Dinkelmasse in die Mitte füllen und gut andrücken.

5. Die Zwiebeln in eine Gratinform stellen, die Gemüsebrühe dazugießen. Die Zwiebeln mit dem Olivenöl beträufeln und dem Käse bestreuen.

6. Die gefüllten Zwiebeln im vorgeheizten Ofen bei 180 Grad 30 bis 40 Minuten backen.

Variante: Für gefüllte Tomaten feste Früchte wählen und diese 4-mal kreuzweise möglichst tief einschneiden. Die Schnitze auseinanderdrücken und die Füllung in die Mitte geben. Die Tomaten 10 bis 15 Minuten bei 200 Grad backen.

DINKELSCHROT MIT GEMÜSE

- *200 g Thermo-Dinkelschrot*
- *550–600 ml/5,5–6 dl Gemüsebrühe*

- *2 EL Sahne/Rahm*
- *1 EL saure Sahne/Sauerrahm*
- *Meersalz*
- *Pfeffer aus der Mühle*

Gemüse

- *10 g Butter*
- *2 mittlere Fenchelknollen, in feinen Scheiben*
- *100 g Knollensellerie, in Stäbchen*
- *100 g Möhren/Karotten, in Stäbchen*
- *wenig Gemüsebrühe*

- *2–3 EL Kokosraspeln, leicht geröstet*

- *Fenchelkraut*

1. Den Dinkelschrot und die Gemüsebrühe aufkochen, auf kleinem Feuer zugedeckt 10 Minuten köcheln lassen. Auf der ausgeschalteten Wärmequelle zugedeckt 10 bis 15 Minuten nachquellen lassen.

2. Das Gemüse in der Butter anschwitzen, wenig Gemüsebrühe beifügen. Auf kleinem Feuer etwa 15 Minuten garen.

3. Dinkelschrot, Sahne und saure Sahne aufkochen. Abschmecken. Mit dem Gemüse und den Kokosraspeln mischen. Mit dem Fenchelkraut garnieren.

DREIERLEI GETREIDE MIT GEMÜSE UND GRAPEFRUIT

- *70 g Grünkernkörner*
- *70 g Dinkelkörner*
- *70 g Gerstenkörner*
- *1/2 l Wasser*
- *Gemüsebrühepulver*
- *Kräutermeersalz*

- *1 EL Butter*
- *400 g gemischtes Saisongemüse, klein geschnitten*
- *wenig Gemüsebrühe*
- *Kräutermeersalz*
- *Pfeffer aus der Mühle*
- *1 Msp Safranpulver*

- *1 Grapefruit*

- *2 EL Sahne/Rahm*
- *2 EL saure Sahne/Sauerrahm*

- *1 Bund Schnittlauch, fein geschnitten*
- *2 EL geriebener Parmesan*

1. Körner einweichen, Seite 22.

2. Grünkern, Dinkel und Gerste mit dem Wasser aufkochen, 30 Minuten auf kleinem Feuer köcheln lassen. Auf der ausgeschalteten Wärmequelle zugedeckt 30 Minuten nachquellen lassen. Würzen.

3. Das Gemüse in der Butter andünsten, mit wenig Gemüsebrühe ablöschen. Das Gemüse auf kleinem Feuer knackig kochen. Würzen.

4. Die Grapefruit schälen, die Schnitze ohne Häutchen herauslösen. Die Schnitze quer halbieren.

5. Gemüse, Getreide und Grapefruitschnitze mischen, Sahne und saure Sahne darunter rühren. Abschmecken.

6. Das Getreide anrichten. Den Schnittlauch und den Parmesan darüber streuen.

Tipp: Die Grapefruit gibt dem Gericht eine fruchtige, erfrischende Note.

MANGOLDRAVIOLI AN KRÄUTERBUTTER

Teig

- *150 g Dinkelvollkornmehl, Kleie ausgesiebt*
- *100 g Dinkelhalbweißmehl (Type 720)*
- *1 TL Meersalz*
- *2 Freilandeier*
- *1 EL kaltgepresstes Olivenöl*
- *3–5 EL Wasser*

Füllung

- *500 g Blattmangold, klein geschnitten*
- *1 EL Butter*
- *1 kleine Zwiebel, gehackt*
- *80 g geriebener Parmesan oder Sbrinz*
- *100 g Vollmilchquark*
- *Kräutermeersalz*
- *1 Prise geriebene Muskatnuss*
- *Pfeffer aus der Mühle*

- *40 g Butter*
- *1 Bund Schnittlauch, fein geschnitten*
- *Salbei, fein geschnitten*

- *2–3 EL geriebener Parmesan oder Sbrinz*

1. Das Mehl und das Meersalz mischen. Die Eier und das Olivenöl darunter rühren. So viel Wasser einkneten, dass ein elastischer, aber nicht klebriger Teig entsteht. Den Teig bei Zimmertemperatur zugedeckt 30 Minuten ruhen lassen.

2. Den Mangold im Dampf zusammenfallen lassen. Gut ausdrücken.

3. Die Zwiebeln in der Butter dünsten, den Mangold beigeben und mitdünsten. Die Pfanne von der Wärmequelle nehmen. Den Käse und den Quark darunter rühren. Würzen.

4. Den Teig portionsweise auf wenig Mehl dünn ausrollen. Rondellen von 6 bis 7 cm Durchmesser ausstechen. Einen Teelöffel Füllung in die Mitte geben. Den Rand mit Wasser leicht anfeuchten, die Rondellen zusammenklappen und die Ränder gut andrücken.

5. Die Ravioli in reichlich Salzwasser al dente kochen, rund 5 Minuten.

6. Die Ravioli auf vorgewärmten Tellern anrichten. Die Butter erhitzen, den Schnittlauch und den Salbei dazugeben, über die Ravioli träufeln. Den Käse darüber streuen.

Tipp: Die Ravioli schmecken auch mit einer Tomaten- oder Pestosauce ausgezeichnet!

GRÜNKERN MIT BOHNEN UND ÄPFELN

- *200 g weiße Auskernbohnen*
- *1 Lorbeerblatt*
- *1 Zweiglein Thymian*
- *1 Sträußchen Bohnenkraut*
- *1 Salbeiblatt*

- *10 g Butter*
- *1 mittlere Zwiebel, in feinen Scheiben*
- *150 g Grünkernkörner*
- *300–350 ml/3–3,5 dl Wasser*
- *1 Msp geriebene Muskatnuss*
- *1–2 TL Gemüsebrühepulver*
- *Kräutermeersalz*

- *500 g säuerliche Äpfel*
- *2 TL flüssiger Honig*

- *Butter für die Form*
- *40 g Semmelbrösel/Paniermehl*
- *20 g Butter*
- *1/2 TL gehackter Thymian*

1. Die Bohnen über Nacht im Wasser einlegen. Das Wasser abgießen. Die Bohnen mit frischem Wasser und den Kräutern aufkochen, auf kleinem Feuer 50 bis 60 Minuten köcheln lassen, bis sie gar sind. Das Wasser abgießen und auffangen. Die Kräuter entfernen.

2. Die Zwiebeln in der Butter andünsten, den Grünkern beifügen und mitdünsten. Das Wasser dazugeben, aufkochen und zugedeckt 30 Minuten auf kleinem Feuer köcheln lassen, weitere 30 Minuten auf der ausgeschalteten Wärmequelle zugedeckt nachquellen lassen. Mit Muskat, Gemüsebrühepulver und Kräutermeersalz würzen.

3. Die Äpfel vierteln, entkernen und in feine Schnitze schneiden.

4. Äpfel, Bohnen, Grünkern und Honig mischen. In die gebutterte Gratinform füllen. Eventuell etwas Bohnenwasser dazugießen. Semmelbrösel, Butter und Thymian mischen und darauf verteilen.

5. Den Gratin im vorgeheizten Ofen bei 200 Grad 20 bis 30 Minuten backen.

DINKELMONDE AUF GEBACKENEN ÄPFELN

- *200 ml/2 dl Wasser*
- *150 ml/1,5 dl Milch*
- *1 Msp Meersalz*
- *1/2 TL Zimtpulver*
- *150 g Dinkelgrieß*
- *8 Datteln, entsteint und in Streifen geschnitten*
- *2 EL gehackte Mandeln oder Haselnüsse*
- *10 g Butter*
- *1 EL Vollrohrzucker*

- *4 Äpfel*

- *2 EL Vollrohrzucker*
- *100 g/1 dl Sahne/Rahm*

- *wenig Butter, in Stückchen*

- *Vollrohrzucker*
- *Zimtpulver*

1. Wasser, Milch, Meersalz und Zimtpulver aufkochen, das Dinkelgrieß einrühren, die Datteln und die Nüsse dazugeben. Auf kleinem Feuer unter Rühren köcheln lassen, bis ein dicker Brei entsteht. Die Butter und den Vollrohrzucker untermischen. Die Masse auf einem mit kaltem Wasser abgespülten Blech 1 bis 2 cm dick ausstreichen und auskühlen lassen.

2. Die Äpfel vierteln und entkernen, in Spalten schneiden.

3. Vier Portionenformen mit Butter ausstreichen, die Äpfel einschichten. Vollrohrzucker und Sahne verrühren, über die Äpfel gießen. Im vorgeheizten Ofen bei 200 Grad 15 Minuten dünsten.

4. Aus der Dinkelmasse mit einem Glas Halbmonde ausstechen, auf die Äpfel legen. Mit Butterstückchen belegen. Weitere 10 Minuten backen. Mit Vollrohrzucker und Zimtpulver bestreuen. Warm servieren.

ÜBERBACKENE KIRSCHEN

- *200 ml/2 dl Milch*
- *250 ml/2,5 dl Wasser*
- *1 Prise Meersalz*
- *200 g Dinkelschrot*
- *1 Vanilleschote*
- *2 EL Honig*
- *100 g/1 dl Sahne/Rahm*
- *1 Tropfen Bittermandelessenz*
- *wenig Milch*
- *80 g Pinienkerne*
- *400–500 g dunkle Kirschen und Sauerkirschen, entsteint*

1. Milch, Wasser und Meersalz aufkochen, den Schrot einrühren. Die Vanilleschote längs halbieren, das Mark herauskratzen, beides in den Topf geben. Den Schrot auf kleinem Feuer 10 bis 15 Minuten köcheln lassen. Auf der ausgeschalteten Wärmequelle zugedeckt 20 Minuten nachquellen lassen. Die Vanilleschote entfernen.

2. Dinkelschrot, Honig, Sahne und Bittermandelessenz verrühren, eventuell noch etwas Milch beifügen. Es soll eine cremige Masse entstehen. Die Pinienkerne daruntermischen.

3. Kirschen in ofenfeste Portionenschalen füllen. Masse darauf verteilen.

4. Dinkelgratin im vorgeheizten Ofen bei 200 Grad 20 bis 30 Minuten backen.

Abbildung:
Überbackene Kirschen

KNUSPERÄPFEL

- *50 g Sultaninen*
- *100 ml/1 dl Apfelsaft*

- *250 g Dinkelflocken*
- *1/2 TL Zimtpulver*
- *60 g flüssige Butter*
- *4 EL Birnendicksaft*
- *100 g Mandelblättchen*

- *Butter für die Form*
- *600 g säuerliche Äpfel*
- *1/2 unbehandelte Zitrone, abgeriebene Schale*
- *20 g Butter, in Stückchen*
- *100–150 g/1–1,5 dl Sahne/Rahm*

1. Sultaninen im Apfelsaft einweichen.

2. Dinkelflocken, Zimtpulver, flüssige Butter, Birnendicksaft und Mandelblättchen mischen.

3. Die Äpfel mit dem Gemüsehobel grob raspeln, mit den Sultaninen und den Zitronenschalen mischen.

4. Eine Kuchenform mit Butter ausstreichen. Die Hälfte der Flockenmasse einfüllen, die Äpfel darauf verteilen, mit der restlichen Flockenmasse decken und den Butterstückchen belegen.

5. Knusperäpfel im vorgeheizten Ofen bei 150 Grad 45 Minuten backen. Mit flüssiger Sahne servieren.

MORCHEL-CHAMPIGNONS-QUICHE

für ein Kuchenblech von 26 cm Ø

Teig

- *150 g Dinkelvollkornmehl*
- *50 g Dinkelweißmehl (Type 405)*
- *1/2 TL Meersalz*
- *100 g kalte Butter*
- *1 TL Apfelessig*
- *4–6 EL Wasser*

Belag

- *200 g frische Morcheln*
- *300 g frische Champignons*
- *1 EL Butter*
- *wenig Zwiebelgrün, in Ringen*
- *Meersalz*
- *Pfeffer aus der Mühle*

- *4–8 Frühlingszwiebeln, ohne Grün, geviertelt*

Guss

- *150 g/1,5 dl Sahne/Rahm*
- *3 EL Pilzflüssigkeit*
- *2 EL Weißwein*
- *2 Freilandeier*
- *Meersalz*
- *Pfeffer aus der Mühle*
- *wenig gehackter Majoran*

1. Die Mehle und das Salz mischen. Die in Stückchen geschnittene Butter mit dem Mehl fein verreiben. Den Essig und das Wasser beifügen und rasch zu einem Teig zusammenfügen. Nicht kneten.

2. Den Teig zwischen zwei Klarsichtfolien auf Blechgröße ausrollen. Eine Klarsichtfolie entfernen. Den Teig in die gebutterte Form stürzen, die zweite Klarsichtfolie entfernen. Kühl stellen.

3. Die Schnittstellen bei den Morcheln kappen, längs halbieren. Die Pilze gut waschen und in einem Küchentuch trocknen. Die Champignons in Scheiben schneiden.

4. Das Zwiebelgrün in der Butter anschwitzen, die Morcheln und die Champignons dazugeben und mitanschwitzen, 2 bis 3 Minuten zugedeckt dünsten. Würzen. Die Pilze in einem Sieb abtropfen lassen, die Flüssigkeit auffangen.

5. Für den Guss Sahne, Pilzflüssigkeit, Weißwein, Eigelb, Gewürze und Majoran verrühren. Das Eiweiß zu Schnee schlagen und sorgfältig darunter ziehen.

6. Die Pilze auf den Teigboden verteilen, mit dem Guss überziehen und den Zwiebeln belegen.

7. Den Pilzkuchen im vorgeheizten Ofen bei 200 Grad 30 bis 35 Minuten backen.

KLEINE MANGOLD-BLUMENKOHL-QUICHES

für 10 Quiches von 10 cm Ø

Teig

- *200 g Dinkelvollkornmehl*
- *100 g Dinkelhalbweißmehl (Type 720)*
- *1/2 TL Meersalz*
- *40 g weiche Butter*
- *20 g Hefe*
- *150–200 ml/1,5–2 dl Milch*

- *200 g Blumenkohl, in kleinen Röschen*

Mangold

- *2 EL Butter*
- *1 Zwiebel, fein gehackt*
- *1–2 Knoblauchzehen*
- *800 g Blattmangold*

Béchamelsauce

- *1 EL Butter*
- *1 1/2 EL Dinkelvollkornmehl*
- *150 g/1,5 dl Sahne/Rahm*
- *Meersalz*
- *1 Prise geriebene Muskatnuss*
- *Pfeffer aus der Mühle*

- *2 EL geriebener Käse*

1. Dinkelmehle, Meersalz und Butter mischen. Die Hefe in der lauwarmen Milch auflösen und unter das Mehl rühren. Den Teig sehr gut kneten, bis er glatt und geschmeidig ist. Bei Zimmertemperatur zugedeckt auf das Doppelte aufgehen lassen.

2. Den Blumenkohl im Dampf knapp weich garen.

3. Die Zwiebeln und den durchgepressten Knoblauch in der Butter andünsten, den Mangold dazugeben und zusammenfallen lassen.

4. Für die Béchamelsauce das Mehl in der Butter anschwitzen. Die Sahne unter Rühren dazugeben, aufkochen und 2 bis 3 Minuten köcheln lassen. Würzen.

5. Die Béchamelsauce mit dem Mangold gut mischen.

6. Den Hefeteig nochmals kneten. Den Teig in 10 Portionen teilen, Kugeln formen und diese zu Rondellen von rund 10 cm Durchmesser ausrollen. In die gebutterten Formen legen.

7. Den Mangold auf die Formen verteilen. Mit dem Blumenkohl garnieren. Den Käse darüber streuen.

8. Die Quiches im vorgeheizten Ofen bei 180 Grad 20 Minuten backen.

TOMATENQUICHE

für ein Kuchenblech von 26 cm Ø

Teig

- *150 g Dinkelvollkornmehl*
- *50 g Dinkelweißmehl (Type 405)*
- *1/2 TL Meersalz*
- *100 g kalte Butter*
- *1 TL Apfelessig*
- *4–6 EL Wasser*

- *30 g geriebener Greyerzer Käse*

- *800 g reife, feste Tomaten*

Guss

- *2 Freilandeier*
- *80 g geriebener Greyerzer Käse*
- *5 EL Sahne/Rahm*
- *2 EL Milch*
- *Pfeffer aus der Mühle*
- *Meersalz*
- *2 EL gehackte Pfefferminze*

1. Die Mehle und das Salz mischen. Die in Stückchen geschnittene Butter mit dem Mehl fein verreiben. Den Essig und das Wasser dazugeben und rasch zu einem Teig zusammenfügen. Nicht kneten.

2. Den Teig zwischen zwei Klarsichtfolien auf Blechgröße ausrollen. Eine Klarsichtfolie entfernen. Den Teig in die gebutterte Form stürzen, die zweite Klarsichtfolie entfernen. Kühl stellen.

3. Die Tomaten kreuzweise einschneiden, einzeln in kochendes Wasser tauchen, bis sich die Haut zu lösen beginnt. Die Tomaten schälen und den Stielansatz kreisförmig herausschneiden. Die Früchte in Spalten schneiden, in einem Sieb abtropfen lassen.

4. Den geriebenen Käse auf den Teigboden verteilen. Mit den Tomaten belegen. Sämtliche Zutaten für den Guss verrühren, über die Tomaten gießen.

5. Die Tomatenquiche im vorgeheizten Ofen bei 200 Grad 30 bis 40 Minuten backen. Eventuell gegen Backende die Quiche mit Folie abdecken.

Tipp: Basilikum anstelle von Pfefferminze verwenden und die Quiche mit Mozzarellawürfelchen belegen.

SPINATQUICHE

für eine Form von 30 cm Ø

Teig

- *250 g Dinkelruchmehl (Type 1050)*
- *2 Msp Meersalz*
- *50 ml/0,5 dl kaltgepresstes Olivenöl*
- *150 ml/1,5 dl Wasser*

Belag

- *2 El kaltgepresstes Olivenöl*
- *1 mittlere Zwiebel, fein gehackt*
- *3 Knoblauchzehen, fein gehackt*
- *600 g Blattspinat*
- *1 TL fein gehackter Thymian*

Guss

- *2 Freilandeier*
- *2 EL Sahne/Rahm*
- *Pfeffer aus der Mühle*
- *Meersalz*

- *150–180 g schwarze und grüne Oliven, entsteint und halbiert*

1. Für den Teig das Mehl und das Salz mischen. Das Olivenöl und das Wasser darunterrühren. Zu einem Teig zusammenfügen. Im Kühlschrank 30 Minuten ruhen lassen.

2. Für den Belag Zwiebeln und Knoblauch im Olivenöl andünsten, Spinat und gehackten Thymian dazugeben und so lange dünsten, bis der Spinat zusammengefallen st. Auskühlen lassen.

3. Aus Eiern, Sahne, Pfeffer und Meersalz einen Guss rühren und mit der Spinatmasse mischen.

4. Den Teig auf Blechgröße ausrollen, den Rand etwas dicker lassen.

5. Die Spinatmasse auf den Teigboden verteilen. Mit den Oliven belegen. Mit Pfeffer würzen.

6. Spinatkuchen im vorgeheizten Ofen bei 200 Grad 25 bis 30 Minuten backen.

FRUCHTIGE NUSSWÜRFEL

- *150 g Butter*
- *100 g Vollrohrzucker*
- *50 g Honig*
- *1 Prise Meersalz*
- *2 Freilandeier*
- *75 ml/0,75 dl Buttermilch*
- *2 EL Grand Marnier*
- *200 g Dinkelvollkornmehl*
- *100 g Dinkelhalbweißmehl (Type 720)*
- *50 g feine Haferflocken*
- *2 Msp Meersalz*
- *1 TL phosphatfreies Backpulver (Reformhaus/Bioladen)*
- *1 Vanilleschote, längs halbiert*
- *1 unbehandelte Orange, abgeriebene Schale*
- *50 g Wal-/Baumnüsse, gehackt*
- *50 g Mandeln, gehackt*
- *50 g getrocknete Aprikosen, in feinen Streifen*
- *50 g Datteln, in feinen Streifen*

- *2 EL Mandelblättchen*

1. Butter, Vollrohrzucker, Honig und Meersalz leicht erwärmen, Eier, Buttermilch und Grand Marnier darunterrühren. Mehle, Haferflocken, Meersalz, Backpulver, ausgekratztes Vanillemark und Orangenschalen unter die Eiermasse rühren. Nüsse, Aprikosen und Datteln dazugeben.

2. Ofen auf 170 Grad vorheizen.

3. Den Teig auf einem mit Backtrennpapier belegten Blech zu einem 15 mm hohen Rechteck ausstreichen. Mit Wasser einpinseln und mit Mandelblättchen bestreuen.

4. Das Biskuit im vorgeheizten Ofen 20 bis 25 Minuten backen. Auskühlen lassen und in 4 cm große Quadrate schneiden.

Abbildung Seite 87

ANIS-FRÜCHTE-WÜRFEL

- *je 50 g getrocknete Aprikosen und Apfelschnitze, in Streifen*
- *1 EL Cognac*
- *50 g Butter*
- *1 Prise Meersalz*
- *3 Freilandeier*
- *120 g Vollrohrzucker*
- *1–2 EL Anissamen*
- *1 TL abgeriebene Zitronenschale*
- *50 g Datteln, entsteint, in Streifen*
- *50 g geschälte Mandeln, gehackt*
- *2 TL phosphatfreies Backpulver*
- *200 g Dinkelvollkornmehl, Kleie ausgesiebt*
- *100 g Dinkelhalbweißmehl*

1. Aprikosen und Äpfel mit dem Cognac beträufeln, 10 Minuten marinieren.

2. Butter, Salz, Eier und Zucker luftig rühren. Anis, Zitronenschalen, Datteln und Mandeln darunter rühren. Backpulver, Mehle, Aprikosen und Äpfel ebenfalls dazugeben. Bei zu trockenem Teig wenig Milch darunter rühren.

3. Teig auf einem mit Backpapier belegten Blech 1 bis 2 cm hoch ausstreichen.

4. Das Biskuit im vorgeheizten Ofen bei 170 Grad 25 bis 30 Minuten backen. Leicht auskühlen, in 4 cm große Quadrate schneiden.

Abbildung Seite 87

MANDELRINGE

- *150 g zimmerwarme Butter*
- *100 g Vollrohrzucker*
- *1 Freilandei*
- *1 Prise Meersalz*
- *1/2 TL Zimtpulver*
- *1 Prise Nelkenpulver*
- *1/2 unbehandelte Zitrone, abgeriebene Schale*
- *1 EL Zitronensaft*
- *100 g Dinkelvollkornmehl, Kleie ausgesiebt*
- *50 g Dinkelhalbweißmehl (Type 720)*
- *100 g geriebene Mandeln*

- *1–2 EL Sesamsamen, zum Bestreuen*

1. Butter, Vollrohrzucker und Ei zu einer luftigen Masse rühren. Salz, Zimt, Nelkenpulver, Zitronenschalen und Zitronensaft dazugeben. Die beiden Mehle und die geriebenen Mandeln mischen und darunter rühren.

2. Den Teig in einen Spritzbeutel mit gezackter Tülle füllen und Ringe auf ein gut gebuttertes Blech spritzen. Mit Sesamsamen bestreuen. 30 Minuten kühl stellen.

3. Die Mandelringe im vorgeheizten Ofen bei 180 Grad etwa 10 Minuten backen.

Abbildung Seite 87

SCHOKO-NUSS-STANGEN

für 20 Stangen

- *100 g weiche Butter*
- *1 Freilandei*
- *100 g Vollrohrzucker*
- *1 Prise Meersalz*

- *80 g dunkle Schokolade, klein gewürfelt*
- *10 Datteln, entsteint, in Streifen*
- *100 g Wal-/Baumnüsse oder Mandeln, grob gehackt*
- *2 TL abgeriebene Schale einer unbehandelten Zitrone*
- *1/2 TL phosphatfreies Backpulver (Reformhaus/Bioladen)*
- *100 g Dinkelvollkornmehl, Kleie ausgesiebt*
- *70 g Dinkelhalbweißmehl (Type 720)*

- *1 Eigelb von einem Freilandei*
- *1/2 TL Vollrohrzucker*

1. Butter, Ei, Vollrohrzucker und Meersalz zu einer luftigen Masse rühren. Schokoladenwürfelchen, Datteln, Nüsse und Zitronenschalen dazugeben. Zuerst das Backpulver, dann das Mehl darunter rühren. Den Teig 30 Minuten kühl stellen.

2. Ofen auf 200 Grad vorheizen.

3. Den Teig 5 bis 7 mm hoch ausrollen. Rechtecke von 10 cm Länge und 3 cm Breite schneiden.

4. Eigelb und Vollrohrzucker verrühren, die Stangen damit einpinseln.

5. Schoko-Nuss-Stangen im vorgeheizten Ofen 10 bis 15 Minuten backen. Auf einem Kuchengitter auskühlen lassen.

Abbbildung:
ganz vorn: Kokosküchlein, Seite 88
im Vordergrund: Orangenkugeln, Seite 88
im Vordergrund: Orangenplätzchen, Seite 88
Mitte, ganz rechts: Anis-Früchte-Würfel, Seite 85
Mitte, links: Mandelringe, Seite 85
im Hintergrund, rechts: Schoko-Nuß-Stangen, oben
im Hintergrund, links: Fruchtige Nusswüfel, Seite 84

ORANGENKUGELN

für 80 Kugeln

- *60 g Butter*
- *120–150 g Vollrohrzucker oder Vollrohrpuderzucker*
- *2 Freilandeier*
- *1 Prise Meersalz*
- *150 g Dinkelvollkornmehl, Kleie herausgesiebt*
- *100 g Dinkelhalbweißmehl (Type 720)*
- *½ TL phosphatfreies Backpulver (Reformhaus/Bioladen)*
- *100 g geriebene Haselnüsse*
- *100 g Sonnenblumenkerne, geröstet*
- *100 g Orangeat*
- *1 unbehandelte Orange, abgeriebene Schale*
- *1–2 EL Orangensaft*

1. Butter, Vollrohrzucker, Eier und Meersalz zu einer luftigen Masse rühren. Die Mehle und das Backpulver darunter rühren. Haselnüsse, Sonnenblumenkerne, Orangeat, Orangenschalen und Orangensaft beifügen und zu einem glatten Teig verarbeiten.

2. Aus dem Teig kleine Kugeln formen, mindestens 30 Minuten kühl stellen.

3. Die Kugeln im vorgeheizten Ofen bei 200 Grad 10 bis 15 Minuten backen.

KOKOSKÜCHLEIN

für 16 bis 20 Küchlein

- *150 g Kokosraspeln*
- *200 ml/2 dl Milch*
- *100 g Butter*
- *150 g Vollrohrzucker*
- *3 TL Vanillezucker*
- *1 Prise Meersalz*
- *180 g Dinkelruchmehl (Type 1050)*
- *1½ TL phosphatfreies Backpulver (Reformhaus/Bioladen)*
- *3 Eiweiß*
- *evtl. 1 EL Kokosraspeln*

1. Die Kokosraspeln in der Milch rund 10 Minuten einweichen.

2. Butter, Vollrohrzucker, Vanillezucker und Meersalz zu einer luftigen Masse rühren. Die eingeweichten Kokosraspeln darunter rühren.

3. Das Eiweiß zu Schnee schlagen. Das Mehl mit dem Backpulver mischen, abwechslungsweise mit dem Eischnee unter die Buttermasse ziehen.

4. Den Teig in gebutterte Backförmchen füllen, mit Kokosraspeln bestreuen.

5. Kokosküchlein im vorgeheizten Ofen bei 180 Grad 15 bis 20 Minuten backen. Eventuell nochmals mit etwas Kokosraspeln bestreuen.

Abbildung Seite 87

HEFEKRANZ

Teig

- *150 g Dinkelvollkornmehl, Kleie ausgesiebt*
- *150 g Dinkelhalbweißmehl (Type 720)*
- *1/2 TL Meersalz*
- *100–150 ml/1–1,5 dl lauwarme Milch*
- *30 g Hefe*
- *50 g weiche Butter*
- *2–3 EL Akazienhonig*
- *1 Freilandei*

Füllung

- *150 g geriebene Mandeln*
- *50 g geriebene Wal-/Baumnüsse*
- *1/2 unbehandelte Zitrone, Saft und abgeriebene Schale*
- *20 g getrocknete Aprikosen, klein gewürfelt*
- *2–3 EL Akazienhonig*
- *3–4 EL Sahne/Rahm*
- *1 Apfel*

- *1 Freilandei, leicht geschlagen*
- *1 EL Mandelstäbchen*

1. Die Mehle und das Meersalz mischen. Die in 100 ml Milch aufgelöste Hefe, den Honig und das Ei unter das Mehl rühren. Zu einem Teig kneten. Eventuell braucht es etwas mehr Milch, damit der Teig glatt und geschmeidig wird. Den Teig bei Zimmertemperatur in einer Schüssel zugedeckt auf das Doppelte aufgehen lassen.

2. Für die Füllung sämtliche Zutaten bis und mit Sahne mischen. Den Apfel mit der Bircher-Rohkostreibe dazureiben. 15 Minuten ruhen lassen. Die Füllung soll feucht, aber nicht flüssig sein.

3. Den Hefeteig noch einmal kneten. Zu einem 3 mm hohen Rechteck von 30 x 50 cm ausrollen.

4. Ofen auf 180 Grad vorheizen.

5. Die Füllung auf den Teig streichen, dabei auf einer Längsseite 3 cm Rand (kommt außen zu liegen) frei lassen. Den Teig satt aufrollen, die Enden mit einem scharfen Messer gerade schneiden. Die Rolle auf einem mit Backtrennpapier belegten Blech zu einem Ring schließen. Auf der Oberfläche des Ringes in Abständen von 5 cm mit einem scharfen Messer 4 bis 5 cm lange Einschnitte machen (springen beim Backen auf). Den Ring mit dem Ei einpinseln und den Mandelstäbchen bestreuen.

6. Hefering im vorgeheizten Ofen bei 180 Grad 30 bis 40 Minuten backen.

TROCKENFRÜCHTE-PIE

für ein Kuchenblech von 22 cm Ø

Teig

- *150 g Dinkelvollkornmehl*
- *100 g Dinkelhalbweißmehl (Type 720)*
- *1 Msp Meersalz*
- *100 g kalte Butter*
- *4 EL Vollrohrzucker*
- *1 Freilandei, leicht geschlagen*
- *1–2 EL Wasser*

Füllung

- *150 g getrocknete Aprikosen*
- *150 g getrocknete Pflaumen oder Zwetschgen, entsteint*
- *Wasser*
- *100 g geschälte Mandeln, grob gehackt*
- *3–4 EL Akazienhonig*
- *1 TL abgeriebene Schale einer unbehandelten Zitrone*
- *1 Vanilleschote, längs halbiert*
- *60 g flüssige Butter*

- *1 EL flüssige Butter, zum Einpinseln*

- *100 g/1 dl Sahne/Rahm*

1. Für den Teig die Mehle und das Salz mischen. Die Butter in Stückchen schneiden, mit dem Mehl fein verreiben. Den Vollrohrzucker, das Ei und das Wasser dazugeben und zu einem Teig zusammenfügen. Nicht kneten.

2. $^1/_3$ des Teiges für die Garnitur kühl stellen. Den restlichen Teig zwischen zwei Klarsichtfolien auf Blechgröße ausrollen. Die Rondelle soll das Blech 2 cm überlappen (wird nachher über die Füllung gelegt). Nun eine Klarsichtfolie entfernen und den Teig in die gebutterte Form stürzen. Die zweite Klarsichtfolie entfernen. Die Form kühl stellen.

3. Die Aprikosen und die Pflaumen/Zwetschgen in Streifen schneiden und in einer Pfanne mit Wasser bedecken. Das Wasser sollte etwa 1 cm über den Früchten stehen. Aufkochen und 5 bis 6 Minuten sprudelnd kochen. Anschließend die Früchte in einem Sieb abtropfen lassen.

4. Trockenfrüchte, Mandeln, Honig, Zitronenschalen, ausgekratztes Vanillemark und flüssige Butter in einer Schüssel gut mischen.

5. Die Früchtemasse auf den gekühlten Teigboden verteilen. Den Rand über die Füllung legen. Den restlichen Teig 3 mm dick und 22 cm lang ausrollen, 15 mm breite Streifen schneiden. Die Teigstreifen gitterartig auf die Fruchtmasse legen, mit flüssiger Butter einpinseln.

6. Die Trockenfrüchte-Pie im vorgeheizten Ofen bei 180 Grad 40 bis 45 Minuten backen. Noch warm mit geschlagener Sahne servieren.

APFELSTRUDEL

Teig

- *100 g Dinkelvollkornmehl, Kleie ausgesiebt*
- *50 g Dinkelhalbweißmehl (Type 720)*
- *1/2 TL Meersalz*
- *1 Freilandei*
- *2 EL Sonnenblumenöl*
- *2–4 EL Wasser*

Füllung

- *800 g Äpfel*
- *1 TL abgeriebene Schale einer unbehandelten Zitrone*
- *1 TL abgeriebene Schale einer unbehandelten Orange*
- *2 EL Zitronensaft*
- *2 EL flüssiger Honig*
- *80 g geriebene Wal-/Baumnüsse oder Haselnüsse*
- *25 g Mohnsamen*
- *8–10 Datteln, entsteint, in Streifen*

- *50 g flüssige Butter*

1. Für den Teig die Mehle und das Salz mischen. Das Ei, das Sonnenblumenöl und 2 Esslöffel Wasser darunterrühren. Den Teig sehr gut kneten, bis er glatt und elastisch ist, eventuell noch etwas Wasser beifügen. Der Teig darf nicht zu trocken sein. Den Teig bei Zimmertemperatur zugedeckt in einer Schüssel 30 Minuten ruhen lassen.

2. Die Äpfel schälen, vierteln und das Kerngehäuse entfernen. Große Apfelviertel zuerst längs halbieren und dann quer in feine Scheiben schneiden.

3. Für die Füllung Zitrusfruchtschalen, Zitronensaft, Honig, Nüsse, Mohnsamen und Datteln mischen. Die Äpfel dazugeben.

4. Ofen auf 200 Grad vorheizen.

5. Den Strudelteig auf wenig Mehl dünn ausrollen, nun ein bemehltes Küchentuch unterlegen und den Teig von Hand noch etwas ausziehen. Mit der flüssigen Butter einpinseln.

6. Die Füllung gleichmäßig auf den Teig verteilen, dabei auf allen Seiten 4 cm Rand frei lassen. Die Teigränder über der Füllung einschlagen und den Teig mit Hilfe des Tuches aufrollen. Den Strudel auf ein mit Backtrennpapier belegtes Blech legen. Mit der flüssigen Butter einpinseln.

7. Apfelstrudel im vorgeheizten Ofen bei 200 Grad 35 bis 40 Minuten backen. Während des Backens mehrmals mit Butter einpinseln.

Tipp: Mit einer Vanillesauce servieren.

QUITTENKÜCHLEIN

für 18 Stück

- *4–6 Quitten*
- *200–300 ml/2–3 dl Wasser*
- *2–3 EL Birnendicksaft*
- *1/2 Zimtstange*
- *2 Nelken*
- *1 Prise Macis*

Teig

- *150 g zimmerwarme Butter*
- *100 g Vollrohrzucker oder Honig*
- *2 Eigelb von Freilandeiern*
- *1 Prise Meersalz*
- *1 unbehandelte Zitrone, abgeriebene Schale*
- *150 g Dinkelruchmehl (Type 1050)*
- *1/2 TL phosphatfreies Backpulver (Reformhaus/Bioladen)*
- *2 Eiweiß*

1. Die Quitten schälen und vierteln, das Kerngehäuse entfernen, in feine Spalten schneiden.

2. Quitten, Wasser, Birnendicksaft und Gewürze aufkochen, die Früchte auf kleinem Feuer weich kochen, rund 30 Minuten. Auskühlen lassen, in ein Sieb abschütten und den Saft auffangen.

3. Für den Teig Butter, Vollrohrzucker, Eigelb und Meersalz zu einer luftigen Masse rühren. Die Zitronenschalen dazugeben.

4. Dinkelmehl und Backpulver mischen, abwechslungsweise mit dem zu Schnee geschlagenen Eischnee unter die Eigelbmasse ziehen. 200 g der gekochten Quittenschnitzchen und 2 bis 3 Esslöffel Quittensaft ebenfalls untermischen.

5. Die Masse in gefettete Backförmchen füllen und mit den restlichen Quittenschnitzen belegen.

6. Quittenküchlein im vorgeheizten Ofen bei 180 Grad 20 bis 25 Minuten backen. Aus den Förmchen nehmen.

KNÄCKEBROT MIT SONNENBLUMENKERNEN UND SESAMSAMEN

für 20 bis 25 Stück

- *50 g Dinkelschrot*
- *2 EL Wasser*
- *200 g Dinkelvollkornmehl*
- *100 g Dinkelhalbweißmehl (Type 720)*
- *50 g Roggenmehl*
- *1 TL Meersalz*
- *50 ml/0,5 dl Sonnenblumenöl*
- *2 EL Sesamsamen*
- *2 EL gehackte Sonnenblumenkerne*
- *15 g Hefe*
- *150–200 ml/1,5–2 dl Wasser*

1. Das Wasser mit dem Dinkelschrot verrühren, 10 Minuten stehen lassen. Die drei Mehle und das Salz unter den Schrot rühren. Sonnenblumenöl, Sesamsamen und Sonnenblumenkerne gut mit der Mehlmischung vermengen. Die Hefe im Wasser auflösen und unter den Teig rühren, gut kneten. Den Teig bei Zimmertemperatur zugedeckt in einer Schüssel 20 Minuten gehen lassen.

2. Den Teig nochmals gut durchkneten, in 20 bis 25 gleich große Stücke teilen. Die Teigstücke zu dünnen Rechtecken ausrollen und rund formen. Auf ein mit Backtrennpapier belegtes Blech legen. Nochmals 10 Minuten gehen lassen. Das Knäckebrot mit Wasser einpinseln.

3. Knäckebrot im vorgeheizten Ofen bei 180 Grad etwa 10 Minuten backen. Herausnehmen, auskühlen lassen. Gut verschlossen aufbewahren.

Abbildung:
vorn: Knäckebrot, oben
Mitte: Flockenbrot, Seite 97
hinten: Kastanienbrot mit Nüssen, Seite 97

BIRNENKUCHEN

für ein Kuchenblech von 26 cm Ø

Teig

- *150 g Dinkelvollkornmehl*
- *50 g Dinkelhalbweißmehl (Type 720)*
- *100 g kalte Butter*
- *1/2 TL Meersalz*
- *1 TL Apfelessig*
- *4–6 EL Wasser*

Belag

- *80 g geriebene Mandeln*
- *2 EL flüssiger Honig*
- *50–100 g/0,5–1 dl Sahne/Rahm*
- *1 TL abgeriebene Schale einer unbehandelten Zitrone*
- *1 EL Zitronensaft*

- *4–6 feste Birnen*
- *1/2 TL Zimtpulver*
- *1 EL Vollrohrzucker*

- *100 g/1 dl Sahne/Rahm*

1. Die Mehle und das Meersalz mischen. Die Butter in Stückchen schneiden, mit dem Mehl fein verreiben. Apfelessig und Wasser dazugeben und zu einem Teig zusammenfügen. Nicht kneten.

2. Den Teig zwischen zwei Klarsichtfolien auf Blechgröße ausrollen. Nun die eine Klarsichtfolie entfernen und die Teigrondelle in die gebutterte Form stürzen. Die zweite Klarsichtfolie entfernen. Die Form kühl stellen.

3. Mandeln, Honig, Sahne, Zitronenschalen und Zitronensaft mischen. Auf den Teigboden verteilen.

4. Die Birnen schälen, vierteln und das Kerngehäuse entfernen. Die Birnenviertel quer in feine Scheiben schneiden. Auf den Teigboden verteilen. Mit Zimtpulver und Vollrohrzucker bestreuen.

5. Birnenkuchen im vorgeheizten Ofen bei 220 Grad 30 Minuten backen. Noch lauwarm mit geschlagener Sahne servieren.

Tipp: Je nach Früchteangebot können auch Äpfel, Aprikosen, Pflaumen/Zwetschgen oder andere Früchte verwendet werden.

KASTANIENBROT MIT NÜSSEN

- *50 g Grünkernschrot*
- *2 EL Wasser*
- *350 g Dinkelvollkornmehl*
- *100 g Dinkelhalbweißmehl (720)*
- *1 TL Meersalz*
- *2 EL Sonnenblumenöl*
- *40 g Hefe*
- *1 EL flüssiger Honig*
- *250 ml/2,5 dl warmes Wasser*
- *150 g tiefgekühlte Kastanien, aufgetaut und halbiert*
- *100 g ganze Haselnüsse*

1. Das Wasser mit dem Grünkernschrot verrühren. 10 Minuten stehen lassen. Die beiden Mehle, das Meersalz und das Sonnenblumenöl unter den Schrot rühren. Hefe und Honig im warmen Wasser auflösen und unter den Teig rühren. Kräftig kneten, bis der Teig glatt und geschmeidig ist. Die Kastanien und die Haselnüsse darunter mischen. Den Teig bei Zimmertemperatur zugedeckt in einer Schüssel 40 bis 50 Minuten gehen lassen.

2. Den Teig nochmals kräftig kneten und einen länglichen Laib formen. 15 Minuten ruhen lassen.

3. Das Brot mit Wasser einpinseln, im vorgeheizten Ofen bei 200 Grad 45 bis 55 Minuten backen.

Abbildung Seite 95

FLOCKENBROT

- *400 g Dinkelvollkornmehl*
- *100 g Dinkelhalbweißmehl (Type 720)*
- *80 g feine Haferflocken*
- *1 TL Meersalz*
- *400 ml/4 dl lauwarmes Wasser*
- *100 ml/1 dl Sauermilch*
- *40 g Hefe*

- *2 EL Dinkelflocken*

1. Mehle, Haferflocken und Meersalz mischen. Das Wasser und die Sauermilch mit der Hefe verrühren, unter das Mehl rühren. Den Teig sehr gut rühren, bis er glatt und geschmeidig ist. Den Teig bei Zimmertemperatur zugedeckt in einer Schüssel auf das Doppelte aufgehen lassen.

2. Den Teig auf wenig Mehl gut kneten. Ein längliches Brot formen und dieses in eine Kastenform/Cakeform legen. Mit Wasser einpinseln und mit Dinkelflocken bestreuen, gut andrücken.

3. Flockenbrot im vorgeheizten Ofen bei 200 Grad rund 50 Minuten backen.

Abbildung Seite 95

DINKELSCHROTCREME MIT HIMBEEREN

- *200 ml/2 dl Milch*
- *200 ml/2 dl Wasser*
- *1 Prise Meersalz*
- *150 g Dinkelschrot*
- *1–2 EL Honig*
- *1 TL Vanillezucker*
- *1 TL abgeriebene Schale einer unbehandelten Zitrone*

- *150 g/1,5 dl Sahne/Rahm*
- *300 g Himbeeren*

- *einige Himbeeren*
- *Zitronenmelisseblätter*

1. Milch, Wasser und Meersalz aufkochen, den Schrot einrühren, auf kleinem Feuer unter häufigem Rühren 10 bis 15 Minuten köcheln lassen. Honig, Vanillezucker und Zitronenschalen beifügen, auskühlen lassen.

2. Die Sahne steif schlagen, zusammen mit den Himbeeren unter den Dinkelschrot ziehen.

3. Dinkelschrotcreme in Glasschalen anrichten, mit den Himbeeren und der Zitronenmelisse garnieren.

Abbildung:
Dinkelschrotbrei mit Pflaumenkompott

DINKELSCHROTBREI MIT PFLAUMENKOMPOTT

- *100–150 g Dinkelschrot*
- *400–450 ml/4–4,5 dl Wasser*
- *1 Prise Meersalz*

- *200 g/2 dl Sahne/Rahm*
- *2 EL Kokosraspeln*
- *flüssiger Honig*

Pflaumenkompott

- *600–800 g Pflaumen/Zwetschgen, halbiert und entsteint*
- *2 Msp Pfeilwurzelmehl*
- *100 ml/1 dl Wasser*
- *Birnendicksaft*
- *1 Msp Zimtpulver*

- *Pfefferminzblättchen*

1. Dinkelschrot, Wasser und Meersalz unter Rühren aufkochen, auf der ausgeschalteten Wärmequelle zugedeckt 15 bis 20 Minuten nachquellen lassen.

2. Das Pfeilwurzelmehl und das Wasser verrühren. Zusammen mit den Zwetschgen aufkochen und auf kleinem Feuer 5 bis 10 Minuten köcheln lassen. Das Kompott mit Birnendicksaft süßen, mit dem Zimtpulver abschmecken.

3. Die Sahne nicht ganz steif schlagen, mit den Kokosraspeln unter den Dinkelbrei rühren. Anrichten.

GRIESS-SOUFFLÉ AUF CASSIS-SAUCE

- *600 ml/6 dl Milch*
- *100 g Dinkelgrieß*
- *1 unbehandelte Zitrone, abgeriebene Schale*
- *1 Msp Vanillepulver*

- *3 Eigelb von Freilandeiern*
- *60 g Akazienhonig*
- *60 g zimmerwarme Butter*

- *3 Eiweiß, steif geschlagen*

Sauce

- *300 g schwarze Johannisbeeren (Cassis)*
- *Birnendicksaft*
- *1 EL Kirsch*

- *einige Pfefferminzblättchen*

1. Den Grieß in die kochende Milch einrühren, auf kleinem Feuer unter ständigem Rühren 10 Minuten köcheln lassen. Zitronenschalen und Vanillepulver beifügen und etwas auskühlen lassen.

2. Ofen auf 190 Grad vorheizen.

3. Eigelb und Honig zu einer schaumigen Masse rühren, zusammen mit der Butter unter den Grieß rühren. Den Eischnee darunter ziehen.

4. Die Soufflémasse in eine gebutterte Gratinform füllen. Im vorgeheizten Ofen etwa 45 Minuten backen.

5. Die Johannisbeeren von den Rispen streifen, im Mixer pürieren und durch ein Sieb streichen. Mit Birnendickaft süßen und dem Kirsch parfümieren.

6. Mit der Johannisbeersauce auf den Tellern einen Spiegel machen. Von der Soufflémasse mit einem Esslöffel pro Teller drei Klöße abstechen, auf der Sauce anrichten. Mit Pfefferminzblättchen garnieren.

Tipp: Je nach Angebot können auch andere Beerensorten verwendet werden.

APRIKOSENTASCHEN

1 Portion Strudelteig, Seite 92

Füllung

- *300 g reife Aprikosen*
- *60 g geschälte Mandeln, gehackt*
- *Birnendicksaft*
- *Vanillezucker*
- *1 Eiweiß*
- *Maiskeimöl zum Braten*
- *1 EL Vollrohrpuderzucker*
- *1 EL Vollrohrzucker*
- *1 TL Vanillezucker*

1. Die Aprikosen halbieren, entsteinen und in sehr feine Scheiben schneiden. Mit den Mandeln mischen. Nach Belieben mit Birnendicksaft und Vanillezucker süßen. 10 bis 15 Minuten stehen lassen.

2. Den Strudelteig auf wenig Mehl dünn ausrollen, ein bemehltes Küchentuch unterlegen und den Teig von Hand noch etwas ausziehen. In 8 gleich große Stücke schneiden.

3. Auf jedes Teigstück 1 bis 2 Esslöffel Füllung geben. Den Teig zu einem Päckchen einschlagen. Die Teigränder mit Eiweiß bestreichen und andrücken.

4. Die Aprikosentaschen im Maiskeimöl beidseitig langsam braten.

5. Vollrohrpuder-, Vollrohr- und Vanillezucker mischen und die noch warmen Taschen darin drehen.

BROMBEEREN MIT DINKELFLOCKEN

- *4 EL Dinkelflocken*
- *2 EL flüssiger Honig*

- *100 ml/1 dl Trauben- oder Apfelsaft*
- *2 EL Birnendicksaft*
- *1 TL Vanillezucker*
- *200 g Äpfel*
- *400 g Brombeeren*

1. Die Dinkelflocken in einer Bratpfanne ohne Fettzugabe rösten, bis sie duften. Den Honig beifügen und gut mischen.

2. Trauben- oder Apfelsaft, Birnendicksaft und Vanillezucker gut verrühren.

3. Die Äpfel vierteln, das Kerngehäuse entfernen, die Viertel in sehr feine Scheiben schneiden.

4. Die Äpfel und die Brombeeren mit dem Traubensaft mischen, 10 bis 15 Minuten marinieren.

5. Die Früchte in Glasschalen anrichten, die Dinkelflocken darüber streuen.

FEINES BISKUIT MIT ERDBEEREN

Biskuitteig

- *4 Freilandeier*
- *100 g Vollrohrzucker*
- *1 Prise Meersalz*
- *2 EL lauwarmes Wasser*
- *1 unbehandelte Zitrone, abgeriebene Schale*
- *100 g Dinkelruchmehl (Type 1050)*
- *1/2 TL phosphatfreies Backpulver (Reformhaus/Bioladen)*
- *60 g geriebene Mandeln*

- *150 g/1,5 dl Sahne/Rahm*
- *1–2 TL Vollrohrpuderzucker*
- *1 EL fein gehackte Zitronenmelisse*

- *400 g Erdbeeren*

- *Zitronenmelisse, für die Garnitur*

1. Ofen auf 200 Grad vorheizen.

2. Die Eier trennen. Das Eiweiß zu Schnee schlagen.

3. Eigelb, Vollrohrzucker, Meersalz, lauwarmes Wasser und Zitronengelb schaumig rühren.

4. Dinkelmehl, Backpulver und geriebene Mandeln mischen und abwechslungsweise mit dem Eischnee unter die Eiermasse ziehen.

5. Die Biskuitmasse auf einem mit Backtrennpapier belegten Blech 1 cm hoch zu einem Rechteck ausstreichen.

6. Das Biskuit im vorgeheizten Ofen 8 bis 10 Minuten backen.

7. Das Biskuit auf ein mit Vollrohrzucker bestreutes Tuch stürzen, das Papier vorsichtig abziehen und das Biskuit sofort mit dem Blech zudecken. Auskühlen lassen. Das Biskuit in Rechtecke von 5 x 8 cm schneiden.

8. Die Sahne steif schlagen, mit dem Vollrohrpuderzucker und der gehackten Zitronenmelisse mischen.

9. Die Sahne auf das Biskuit streichen. Mit den halbierten Erdbeeren belegen. Mit der Zitronenmelisse garnieren.

SÜSSE KÖRNER MIT QUITTENKOMPOTT

- *150 g Dinkelkörner*
- *300 ml/3 dl Wasser*
- *1–2 EL Akazienhonig*
- *1 Prise Meersalz*

Quittenkompott

- *4 reife Quitten*
- *100 ml/1 dl Apfelsaft*
- *2–3 EL Birnendicksaft*
- *1/2 TL Zimtpulver*

- *150 g/1,5 dl Sahne/Rahm*

- *1 EL Pinienkerne*
- *einige Zitronenmelisseblättchen*

1. Dineklkörner einweichen, Seite 22.

2. Dinkelkörner und Wasser aufkochen, auf kleinem Feuer zugedeckt 30 Minuten köcheln lassen. Auf der ausgeschalteten Wärmequelle zugedeckt 45 Minuten nachquellen lassen. Die Körner können leicht aufspringen. Den Honig und die Prise Salz unterrühren.

3. Die Quitten schälen, vierteln und das Kerngehäuse entfernen, in feine Spalten schneiden. Die Früchte mit dem Apfelsaft, dem Birnendicksaft und dem Zimtpulver aufkochen, rund 30 Minuten auf kleinem Feuer köcheln lassen, bis die Früchte weich sind.

4. Wenig Quitten für die Garnitur beiseite legen. Den Rest mit dem Dinkel mischen. Die steif geschlagene Sahne darunter ziehen.

5. Den Dinkel in Glasschalen anrichten. Garnieren mit den Quitten, den Pinienkernen und den Zitronenmelisseblättchen.

Tipp: Dieses Dessert schmeckt auch mit Birnen ausgezeichnet.

SÜSSE KÖRNER MIT QUITTENKOMPOTT

- *150 g Dinkelkörner*
- *300 ml/3 dl Wasser*
- *1–2 EL Akazienhonig*
- *1 Prise Meersalz*

Quittenkompott

- *4 reife Quitten*
- *100 ml/1 dl Apfelsaft*
- *2–3 EL Birnendicksaft*
- *1/2 TL Zimtpulver*

- *150 g/1,5 dl Sahne/Rahm*

- *1 EL Pinienkerne*
- *einige Zitronenmelisseblättchen*

1. Dineklkörner einweichen, Seite 22.

2. Dinkelkörner und Wasser aufkochen, auf kleinem Feuer zugedeckt 30 Minuten köcheln lassen. Auf der ausgeschalteten Wärmequelle zugedeckt 45 Minuten nachquellen lassen. Die Körner können leicht aufspringen. Den Honig und die Prise Salz unterrühren.

3. Die Quitten schälen, vierteln und das Kerngehäuse entfernen, in feine Spalten schneiden. Die Früchte mit dem Apfelsaft, dem Birnendicksaft und dem Zimtpulver aufkochen, rund 30 Minuten auf kleinem Feuer köcheln lassen, bis die Früchte weich sind.

4. Wenig Quitten für die Garnitur beiseite legen. Den Rest mit dem Dinkel mischen. Die steif geschlagene Sahne darunter ziehen.

5. Den Dinkel in Glasschalen anrichten. Garnieren mit den Quitten, den Pinienkernen und den Zitronenmelisseblättchen.

Tipp: Dieses Dessert schmeckt auch mit Birnen ausgezeichnet.

GRIESSKÖPFCHEN AUF FRUCHTPÜREE

- *800 ml/8 dl Milch*
- *150 g Dinkelgrieß*
- *1 Msp Meersalz*
- *2 TL abgeriebene Schale einer unbehandelten Zitrone*
- *1 Vanilleschote, längs aufgeschnitten*
- *flüssiger Honig*

- *40 g dunkle Schokolade, klein gewürfelt*
- *40 g helle Schokolade, klein gewürfelt*

- *150 g/1,5 dl Sahne/Rahm*

Aprikosen-Apfel-Püree

- *300 g Aprikosen*
- *300 g Äpfel*
- *1 Msp Vanillemark*
- *Ahornsirup oder Akazienhonig*

- *2 EL Mandelblättchen, leicht geröstet*

1. Den Grieß und das Salz in die kochende Milch einrühren, auf kleinem Feuer unter ständigem Rühren 20 Minuten köcheln lassen. Zitronenschalen und Vanillemark unterrühren. Nach Belieben mit Honig süßen. Auskühlen lassen.

2. Die Schokoladewürfelchen unter den Grieß mischen. Die Sahne steif schlagen und darunter ziehen. Die Masse in kalt ausgespülte Förmchen füllen, mindestens 2 bis 3 Stunden im Kühlschrank fest werden lassen.

3. Die Aprikosen halbieren und entsteinen. Die Äpfel vierteln, entkernen und in Spalten schneiden. Aprikosen und Äpfel mit 2 bis 3 Esslöffeln Wasser auf mittlerem Feuer weich kochen. Pürieren und durch ein Sieb streichen. Das Vanillemark unterrühren und nach Belieben süßen.

4. Mit der Fruchtsauce auf den Tellern einen Spiegel machen. Die Dinkelköpfchen aus der Form lösen und auf die Sauce stürzen. Die Mandelblättchen darüber streuen.

FEINES GEBÄCK MIT INGWERSAHNE

Teig

- *80 g Vollrohrzucker*
- *50 g Butter*
- *50 g Dinkelruchmehl (Type 1050)*
- *1 Prise Meersalz*
- *1–3 TL geschälte, geriebene Ingwerwurzel*
- *1/2 TL abgeriebene Schale einer unbehandelten Zitrone*

Füllung

- *150 g/1,5 dl Sahne/Rahm*
- *1 TL Vanillezucker*
- *2 TL fein gehackter, kandierter Ingwer*

- *kandierte Ingwerwürfelchen*

1. Für den Teig den Vollrohrzucker und die Butter in einer Pfanne erwärmen und auskühlen lassen. Mehl, Meersalz, geriebener Ingwer und Zitronenschalen darunter rühren.

2. Auf ein mit Backtrennpapier belegtes Blech in großen Abständen walnussgroße Häufchen setzen und flachdrücken.

3. Die Plätzchen im vorgeheizten Ofen bei 180 Grad etwa 4 bis 5 Minuten backen, jeweils nur 5 Stück auf einmal. Die Plätzchen vorsichtig lösen, etwas auskühlen lassen und locker um den Holzstiel eines Kochlöffels legen oder von Hand Rosetten formen.

4. Für die Füllung die Sahne steif schlagen, mit dem Vanillezucker und dem kandierten Ingwer mischen. Die Sahne in einen Spritzbeutel mit breiter Tülle füllen, in die Rollen oder Rosetten spritzen. Mit Ingwerwürfelchen bestreuen.

PFIRSICHCREME

- *150 ml/1,5 dl Milch*
- *150 ml/1,5 dl Wasser*
- *1 Prise Meersalz*
- *1 kleines Stück Zimtstange*
- *2–3 EL Dinkelruchmehl (Type 1050)*

- *500 g Pfirsiche*
- *2 EL Ahornsirup*
- *1 Eiweiß*
- *150 g/1,5 dl Sahne/Rahm*

Garnitur

- *1 Pfirsich, in Spalten*
- *1 TL Zitronensaft*
- *1 TL Akazienhonig*
- *1 Msp Zimtpulver*

- *1 EL gehackte Pistazien*

1. Milch, Wasser, Meersalz, Zimtstange und Mehl unter Rühren aufkochen, 3 bis 4 Minuten auf kleinem Feuer köcheln lassen. Die Zimtstange entfernen.

2. Die Pfirsiche halbieren, entsteinen und in Spalten schneiden. Mit 1 bis 2 Esslöffeln Wasser weich kochen. Zusammen mit dem Ahornsirup pürieren, auskühlen lassen.

3. Für die Garnitur Zitronensaft, Akazienhonig und Zimtpulver verrühren. Die Pfirsichspalten damit marinieren.

4. Das Pfirsichpüree unter den Dinkelbrei rühren. Das steif geschlagene Eiweiß und $^{3}/_{4}$ der steif geschlagenen Sahne darunter ziehen.

5. Pfirsichcreme in flachen Glasschalen anrichten, die Pfirsichspalten darauf legen. Mit der restlichen Sahne und den Pistazien garnieren.